Die Reise zu deinem Selbst

Durch Selbstfindung und Selbstreflexion zum neuen Ich

Bekomme Antworten auf all die Fragen, die dir sonst niemand beantworten kann (inkl. Workbook)

Haftung für externe Links

Unser Angebot enthält Links zu externen Websites Dritter, auf deren Inhalte wir keinen Einfluss haben. Deshalb können wir für diese fremden Inhalte auch keine Gewähr übernehmen. Für die Inhalte der verlinkten Seiten ist stets der jeweilige Anbieter oder Betreiber der Seiten verantwortlich. Die verlinkten Seiten wurden zum Zeitpunkt der Verlinkung auf mögliche Rechtsverstöße überprüft. Rechtswidrige Inhalte waren zum Zeitpunkt der Verlinkung nicht erkennbar.

INHALT

Vorwort

Die wenigsten Menschen haben das Glück, ihr ganzes Leben lang sie selbst zu sein. Für viele von uns sind solche Momente sogar an einer Hand abzählbar. Wir sind fremdbestimmt, ohne es zu merken. Manchmal lenkt uns diese Fremdbestimmtheit ins Unglück, da wir uns nicht in dem Leben zurechtfinden, das wir im Inneren gar nicht wollen. Nichts gelingt und wir wissen nicht warum, denn wir versuchen doch, „ganz normal " zu sein. In anderen Fällen - und das ist der weit größere Anteil - haben wir oberflächlich ein ganz gutes Leben, jedenfalls meistens. Alles läuft so weit rund, wenn wir es an den allgemeinen Maßstäben bemessen. Glücklich sind wir trotzdem nicht. Woran das liegt, wissen wir wiederum nicht.

Oft denken wir, dass wir einfach noch nicht genug von dem haben, was alle haben, und so streben wir nach mehr davon - mehr von dem, was uns eigentlich gar nicht erfüllt.

Doch was uns erfüllt, wissen wir nicht, denn wir kennen uns selbst gar nicht. Wir kennen das Produkt der fremden Einflüsse, das wir geworden sind. Aber was in unserem Inneren, in unserer Seele verborgen liegt, ist uns unbekannt. Und da liegt das große Problem. Wie soll man sein persönliches Glück finden, wenn man die Wünsche und Eigenschaften des eigenen Selbst nicht beachtet?

An diesem Punkt setzen wir an. Mit diesem Ratgeber möchte ich Sie zurückholen aus Ihrem fremdbestimmten Dasein und in ein Leben führen, über das Sie ganz allein entscheiden. Und zwar nicht so, wie die allgemeinen Normen es vorgeben, sondern einzig und allein auf die Art, wie Sie selbst es sich wünschen. Denn ein selbstbestimmtes Leben ist kein Glück, sondern die eigene Entscheidung. Sie haben es selbst in der Hand, ob Sie sich verbiegen (lassen) oder geradlinig den Zielen Ihrer Seele folgen.

Der Weg zum Selbst führt oft über Umwege - vielleicht mussten Sie einiges an Rückschlägen, Kummer, Stress, Sorgen, Verzweiflung und Schmerzen erleben, um sich klar zu werden, dass etwas in Ihrem Leben nicht stimmt und Sie jetzt endlich Sie selbst werden wollen, um glücklich zu sein.

In jedem Fall ist ein guter Wegweiser hilfreich und oftmals sogar nötig, um Sie in die richtige Richtung zu führen und nicht auf Abwege geraten zu lassen. Dieses Buch soll Ihnen ein solcher Wegweiser sein. Nach einer kurzen Erklärung, warum es unbedingt wichtig ist, Ihr Selbst zu finden, gehen wir den Weg gemeinsam in sieben Schritten mit vielen Übungen. Am Ende jedes Kapitels haben Sie die Möglichkeit, Ihre Er-kenntnisse über sich aufzuschreiben.

Nehmen Sie sich alle Zeit, die Sie brauchen. Sie haben Ihr Selbst über lange Jahre verloren, jetzt müssen Sie es langsam wiederfinden und stärken. Da die Selbstfindung und das selbstbestimmte Leben ein fortwährender Prozess sind, empfiehlt es sich, dass Sie die Übungen der bereits absolvierten Kapitel stetig wiederholen. Das gilt nicht nur für die Dauer des Lesens dieses Ratgebers, sondern auch darüber hinaus. Doch so weit sind wir noch nicht. Jetzt starten wir erst einmal die Reise.

Warum ist es so wichtig und doch so schwierig, zu sich selbst zu finden?

Das eigene Selbst trägt jeder immer bei sich, so sollte man zumindest meinen. So ist es auch - doch das wahre Selbst hat sich bei den allermeisten von uns ganz tief nach innen zurückgezogen. Oder besser gesagt: Wir haben es erfolgreich dorthin verdrängt. Und zwar so tief, dass wir gar nicht mehr wissen, wo es ist, geschweige denn, wie es aussieht und was es will. Meistens denken wir auch gar nicht darüber nach. Wir leben einfach vor uns hin und machen uns keine weiteren Gedanken, ob dies wirklich die Art ist, wie wir leben wollen. Und je mehr wir so leben, desto mehr entfremden wir uns von uns selbst.

Das hat fatale Folgen für die psychische und infolgedessen auch körperliche Gesundheit. Wer nicht mit sich selbst im Einklang lebt, wird unweigerlich unglücklich - schließlich weiß er nicht, was ihn erfüllt, und insofern gelangt er auch nicht dorthin.

Die Konsequenzen davon sind Unzufriedenheit, Antriebslosigkeit und sogar Depressionen. Der mangelnde Kontakt zum eigenen Inneren führt zudem dazu, dass man sich aufreibt und doch nicht ans Ziel (die innere Erfüllung) kommt. So entsteht Stress und dieser ist oft größer, als man es ertragen kann.

Burnout, psychosomatische Beschwerden und Angststörungen sind die möglichen Folgen. Sicher erwischt es nicht jeden so hart, aber wirklich gut fühlt sich niemand, der nicht das tut, was er wirklich will (beziehungsweise, der etwas tut, das er im Inneren nicht will). Dauerhafte Gereiztheit, Angespanntheit und ein Hang zur negativen Sicht rauben die Energie, vermiesen schöne Momente und vernebeln die Urteilsfähigkeit. So steigert man sich leicht in negative Gedanken hinein und gerät in einen Teufelskreis, in dem man das eigene Selbst immer mehr verliert. Wir sind ständig damit beschäftigt, zu versuchen, alles richtig zu machen, hier zu sein, da zu sein, überall zu sein. Wir wollen alles perfekt machen. Aber für wen? Für die Ansprüche anderer. Und da haben wir das große Problem, das daran schuld ist, dass wir uns selbst verloren haben.

Wir haben eigentlich niemals versucht, die eigene Seele glücklich zu machen, sondern immer nur darauf geachtet, was wir vermeintlich tun müssen, um es anderen recht zu machen. Nein, nicht wirklich immer, jedenfalls nicht in dem Ausmaß - als Kinder hatten wir noch Träume, haben uns selbst ausprobiert und versucht, unseren Kopf durchzusetzen. Wir waren unbeschwert, haben einfach gespielt, waren kreativ und wir haben offen gesagt und gezeigt, was wir denken und fühlen.

Je älter wir geworden sind, desto mehr haben wir uns dann aber angepasst - wir haben gesehen, gehört und durch Maßregelungen zu spüren bekommen, wie man in dieser Welt zu sein hat. So und so muss man sich verhalten, aussehen, reden, denken und fühlen, das haben uns die Erwachsenen vorgegeben (oder auch schon die Gleichaltrigen, die es von Erwachsenen „gelernt" hatten).

Und das Schlimmste: Wir haben auch „gelernt", wie man angeblich glücklich wird. Es gibt bestimmte Normen, was man haben und erreichen muss, um zufrieden zu sein - einen guten Schulabschluss, einen gut bezahlten Job, beruflichen Erfolg, eine Partnerschaft, ein schönes Haus, mindestens ein Kind, gutes Aussehen, körperliche Fitness, viele Freunde, schicke Kleidung, ein imposantes Auto.

Um dieses „Glück" zu erreichen, verbiegen wir uns seit der Jugend und machen uns großen Druck. Vielleicht macht das eine oder andere davon den einen oder anderen wirklich glücklich, aber eben nicht jeden. Was aber viel wichtiger ist: Der Weg zum Glück ist für jeden unterschiedlich. Und woran liegt das? Dass er nur über das eigene Selbst erreicht werden kann. Finden Sie sich selbst, werden Sie glücklich. Finden Sie sich nicht, bleibt Ihnen auch Ihr Glück verborgen. Das heißt notwendigerweise auch: Wenn Sie sich selbst gefunden haben, sind Sie bereits glücklich, auch wenn Sie keine Statussymbole wie die oben genannten besitzen - und wenn Sie Ihr Selbst nicht finden, nützen Ihnen auch alle Statussymbole der Welt nichts.

Das eigene Selbst zu finden und mit ihm in Einklang zu leben, spielt aber nicht „nur “ für das Glück eine Rolle. Innere Balance, also die Einheit von Körper, Geist und Seele, fördert bekanntermaßen die körperliche Gesundheit, schützt vor psychischen Erkrankungen und sorgt für gefüllte Energiereserven, sodass Sie leistungsfähiger sind und Ihr Leben besser auskosten können. Haben Sie keinen Kontakt mit Ihrem eigenen Selbst, schweben Sie quasi in luftiger Leere, ohne Halt und ohne Ziel. Sie haben keine Kontrolle über Ihr eigenes Leben. Es ist, als ob Sie in einem Zug sitzen, der per Fernsteuerung von anderen Menschen gelenkt wird - den Menschen, deren Meinungen Sie übernommen haben, so-dass Sie sich Ihre eigene Freiheit blockieren. Sie selbst zu sein, heißt frei zu sein, um das zu tun, was Sie wirklich wollen. Indem Sie sich selbst finden, lösen Sie sich von Zwang und Druck und können endlich stressfrei und harmonisch leben.

Ihr eigenes Selbst weiß, was Sie gern tun, was Sie erreichen wollen und was Ihnen wichtig ist. Es weiß auch, was nicht richtig für Sie ist. Und deshalb geht es Ihnen nicht gut, wenn Sie es nicht beachten. Denn es ist zwar tief in Ihnen verborgen, aber es ist (zum Glück) nicht weg. Es ist immer da und es fühlt sich missachtet. Es weiß, dass Sie auf dem falschen Weg sind, und sendet Ihnen Signale.

Das ist am Anfang vielleicht ein Nervenzucken, ein Magengrummeln oder ein Stechen im Rücken. Beachten Sie dies nicht, werden die Signale stärker. Bis Sie irgendwann Depressionen, Burnout oder Angststörungen (oder alles zusammen) haben. Leben Sie nicht mit Ihrem Selbst in Einklang, führt das zu innerer Zerrissenheit, einem inneren Konflikt, und dies ist das, was Sie zum Beispiel als Niedergeschlagenheit, chronische Schmerzen, Stimmungsschwankungen oder Panikattacken zu spüren bekommen.

Ihre Seele will Beachtung, und das aus gutem Grund - sie will, dass Sie glücklich werden. Und zwar als Sie selbst. Hören Sie nicht länger weg, sondern hören Sie ihr zu. Sie hat Ihnen viel zu erzählen. Alles, was Sie vergessen haben, und das, was Ihnen vielleicht niemals bewusst war. Was Ihnen bevorsteht, ist eine weite Reise, auch wenn das Ziel eigentlich so nah liegt. Sie müssen „nur “ den Weg in Ihr eigenes Inneres finden und Ihr lange unterdrücktes Selbst befreien - doch auf dem Weg liegt viel Gerümpel, das Sie wegräumen müssen.

Blockierende Gedanken, Alltagsstress, negative Erinnerungen, Sorgen und vieles mehr, das eigentlich keiner braucht. Und dann müssen Sie lernen, mit Ihrer Seele zu kommunizieren und auch noch umzusetzen, was sie Ihnen sagt. Es gibt viel zu tun. Sind Sie bereit? Dann los. Auf geht die Reise zu Ihnen selbst.

Schritt 1 – die Basis: Körper, Geist und Seele in Einklang bringen

Der Mensch besteht aus drei Teilen – Körper, Geist und Seele. Sie bilden eine Einheit und können nur zusammen funktionieren. Allerdings besteht zwischen ihnen bei den meisten Menschen wenig Einigkeit. Zur Veranschaulichung hilft diese kleine Geschichte:

Stellen wir uns Körper, Geist und Seele als drei Männer (oder wahlweise auch Frauen) vor. Sie sind eng befreundet, obwohl sie teils grundverschiedene Ansichten haben. Gemeinsam begeben sie sich auf eine Bootsreise, ganz allein zu dritt. Es ist eine sehr lange Reise mit einer wichtigen Mission. Auf ihrem Weg müssen sie an vielen Orten Halt machen, um zum Beispiel etwas zu essen, Kontaktpersonen zu treffen, das Boot zu reparieren oder einfach die Gegend zu erkunden.

Die Spitznamen der Drei stehen sinnbildlich für ihre Haupteigenschaften – „Körper" ist sehr stark, „Geist" denkt viel nach und „Seele" ist ein herzensguter und weiser Mensch, der sich aber meist im Hintergrund hält.

Nur **„Seele"** weiß, wohin die Fahrt geht, welcher Weg dorthin führt und an welchem Orten es wichtiges Material oder In-formationen für die Weiterfahrt gibt.

„Geist" ist zwar ziemlich intelligent, aber auch hektisch, schreck-haft, schnell verunsichert und neigt zu vorschnellen Schlussfolgerungen.

„Körper" hat als einziger die Kraft, um das Steuerrad zu betätigen und die Segel zu hissen. Aber er ist auch sehr impulsiv, hat oft Heißhunger, ist müde oder hat Schmerzen.

Leider sprechen „Seele" und „Körper" nicht dieselbe Sprache. Aber das ist kein Problem, denn „Geist" beherrscht beide Sprachen und kann insofern vermitteln. Zumindest denkt er, dass er beide Sprachen gut spricht, aber die Sprache von „Seele“ bereitet ihm doch einige Probleme.

Außerdem gibt er die Informationen nicht einfach so weiter, sondern bewertet sie vorher und verändert sie ein wenig, sodass er sie für richtig hält. Wenn „Seele“ zum Beispiel sagt, dass „Körper“ den übernächsten Hafen anfahren soll, bemerkt „Geist“ vielleicht nur, dass „Seele“ überhaupt etwas gesagt hat. Was es war, reimt er sich dann selbst zusammen, weil es ihm zu peinlich wäre, dass er die Worte nicht verstanden hat. Er überlegt also, was es sein könnte – nun ja, es ist nicht mehr allzu früh am Tag, der Proviant ist fast aufgebraucht, also sollte man vielleicht einen Hafen an-fahren. Da ist auch schon einer. Dass es nicht der übernächste, sondern der nächste ist, ist egal, denn „Geist“ weiß ja nicht, was „Seele“ gesagt hat. Also gibt er „Körper“ den Befehl. Dieser freut sich, denn er hat schon großen Hunger. Aus dem Hintergrund guckt „Seele“ verdutzt, aber kann es nicht ändern, denn niemand versteht ihn. Er wollte eigentlich nicht essen gehen, sondern im übernächsten Hafen einen wichtigen Kontaktmann treffen. Aber jetzt wird gegessen, da sind sich „Körper“ und „Geist“ einig. Nur was?

„Körper“ möchte gern in ein Steak-Restaurant gehen und sich so richtig den Bauch vollschlagen. „Geist“ gibt aber zu bedenken, dass das erstens sehr teuer und zweitens sehr ungesund ist. Er schlägt vor, doch lieber in einem Ladengeschäft Obst, Gemüse, Brot und Käse für die nächsten Tage einzukaufen. Das findet „Körper“ aber gar nicht gut. So geraten die beiden in eine Diskussion, während langsam die Abenddämmerung einsetzt. „Seele“ steht fassungslos daneben, doch die beiden sind so in ihren Essens-Konflikt vertieft, dass sie ihn gar nicht beachten.

So passiert es immer wieder. Aber die Drei sind nun einmal aufeinander angewiesen, da sie buchstäblich in einem Boot sitzen und allein nicht klarkommen würden.

Ähnlich sieht es auch in Ihrem Inneren aus. Die Bootsreise steht für Ihren Lebensweg, für den nur Ihre Seele den Plan hat. Ihre Seele ist Ihr wahres Ich, Ihr übergeordnetes Selbst, das von körperlichen Bedürfnissen unabhängig ist. Wenn Körper, Geist und Seele im Einklang sind, wird der Körper durch den Geist und der Geist durch die Seele gelenkt.

Meist ist es aber so wie in der Geschichte – die Seele wird entweder nicht beachtet oder missverstanden. Der Geist beinhaltet zum einen den „gesunden Menschenverstand“, das logische Denken und alles im Laufe des Lebens erlernte Wissen, aber zum anderen auch schlechte Erfahrungen, Ängste und abgespeicherte fremde Einflüsse. Daher sind seine Entscheidungen nicht immer so weise, wie sie sein sollten.

Körper und Geist stehen in einer relativ engen Verbindung, allerdings nur insofern, als dass der Geist seine Entscheidungen von körperlichen Bedürfnissen beeinflussen lässt. Andererseits missachtet der Geist mitunter nicht „nur“ die Wünsche der Seele, sondern auch das Wohlergehen des Körpers – nämlich zum Beispiel dann, wenn er im Stress ist und dadurch die anderen beiden nicht zur Ruhe kommen lässt.

Da der Geist das Sprachrohr zwischen Körper und Seele ist, muss er zum einen die Sprache der Seele besser sprechen und zum anderen lernen, sich weder von körperlichen noch von äußeren Umständen beeinflussen zu lassen sowie die nötige Ruhe zu bewahren, damit es allen gutgeht.

Nur durch innere Ausgeglichenheit oder auch inneren Frieden können Körper, Geist und Seele an einem Strang ziehen und gemeinsam erfolgreich den richtigen Weg gehen. Um diese so wichtige innere Balance herzustellen, gibt es einige teils jahrtausendealte Methoden.

GEHEN SIE IN SICH MIT STILLER MEDITATION

Formen der Meditation gibt es zum Beispiel im Yoga und im Buddhismus, aber auch die altgriechischen Philosophen und nordamerikanischen Indianerstämme kannten sie. Allen ist gemein, dass man dabei tief in sich geht, in sich versinkt und die Welt um sich herum vergisst. Das Ziel ist, nur in seinem eigenen Inneren zu sein. So werden die Gefühle des Körpers und die Gedanken des Geistes nach innen zur Seele gelenkt und es entsteht Einigkeit.

Dies führt zum einen zur Entspannung (physisch wie psychisch), aber dient auch dazu, sich bei der eigenen Seele einen Rat zu holen und sie zu fragen, was sie sich wünscht. Inzwischen ist sogar die heilende Wirkung der Meditation auch in unserer Kultur bekannt. In der Traditionellen Chinesischen Medizin steht das Meditieren seit Jahrtausenden weit über körperlichen und arzneilichen Behandlungsverfahren. Hier geht es jetzt aber in erster Linie darum, dass Sie meditieren, um mit Ihrem Selbst in Kontakt zu treten.

Die wohl bekannteste Art der Ausführung findet im Schneidersitz auf dem Boden statt. Die Augen sind geschlossen, der Oberkörper ist aufrecht, die Hände liegen mit den Handrücken locker auf den Knien, während die Spitzen der Zeigefinder und Daumen sich leicht berühren.

Wenn Ihnen das zu befremdlich (oder zu unbequem) erscheint, können Sie aber auch anders sitzen bzw. müssen nicht einmal sitzen. Zum Beispiel können Sie im gemütlichen Sessel oder im Liegen meditieren oder aber auch im Stehen (dann am besten angelehnt). Es kommt nur darauf an, dass Sie sich entspannen können und in sich selbst versinken. Nicht einmal die Augen müssen geschlossen sein, wenn Sie es mit offenen Augen schaffen, sich nicht von Umgebungsreizen ablenken zu lassen.

Wichtig ist jedoch, dass Sie während Ihrer Meditation absolute Ruhe haben. Schalten Sie daher alle Geräte (Handy, Fernseher, Computer, Festnetztelefon, Waschmaschine, Geschirrspüler etc.) aus. Auch die Türklingel sollten Sie abschalten. Wohnen Sie nicht allein, bitten Sie die anderen, sich für die be-treffende Zeit still zu verhalten und Ihren Meditationsraum nicht zu betreten.

Fällt Ihnen das Entspannen schwer, kann jedoch Musik helfen. Es kann spezielle Meditations- oder Entspannungsmusik sein, aber auch Ihre Lieblingsmusik. Möglich ist auch, dass Sie draußen in der Natur meditieren. Es sollte dann ein Ort sein, an dem keine Menschen mit oder ohne Hund vorbeikommen und keine Straße in Hörweite ist. Um sich besser zu entspannen, lauschen Sie den Naturgeräuschen, schauen den Wolken hinterher oder betrachten einen Bachlauf oder die Baumwipfel im Wind.

Ganz gleich, wo und wie Sie meditieren, ist eines immer entscheidend für Ihre Konzentration auf sich selbst – Ihr Atem. Man atmet zwar immer, aber meist eher flach, kurz und in die Brust (ganz besonders in stressigen Phasen). Um Ihre Meditation einzuleiten, begeben Sie sich in die Position, in der Sie meditieren möchten, und konzentrieren sich ganz auf Ihre Atmung. Atmen Sie bewusst langsam und tief, und zwar nicht wie üblich in die Brust, sondern in den Bauch.

Nutzen Sie dabei die Nase zum Einatmen und den Mund zum Ausatmen. Saugen Sie die Luft ein und spüren Sie, wie sie in Ihren Körper strömt und sich Ihr Bauch dabei hebt. Vor dem Ausatmen halten Sie die Luft kurz und lassen sie dann langsam entweichen, sodass Ihr Bauch wieder flacher wird. Am Anfang fällt Ihnen das tiefe Atmen in den Bauch sicher noch schwer – achten Sie darauf, sich nicht zu verspannen.

Atmen Sie nur so weit, wie es sich gut und natürlich für Sie anfühlt. Mit jedem Atemzug werden Sie jedoch entspannter, so-dass es Ihnen leichter fällt, den nächsten Atemzug etwas tiefer zu nehmen. Atmen Sie einfach auf die-se Art, ganz ruhig und entspannt, und fokussieren Sie sich voll und ganz darauf.

Sicher werden Ihnen zwischendurch Gedanken in den Sinn kommen – „Oh, ich muss dringend noch Wäsche machen", „Was hat wohl mein Chef gestern von mir gedacht, als ich zu spät zur Arbeit er-schienen bin?" und andere Dinge, die im Moment (oder auch grundsätzlich) vollkommen gleichgültig sind. Wehren Sie sich nicht dagegen, aber befassen Sie sich auch nicht mit ihnen. Lassen Sie sie einfach vorbeiziehen und atmen Sie weiter ruhig und konzentriert. So verschwinden sie von selbst.

Haben Sie den Eindruck, nun absolut auf Ihr Inneres fokussiert zu sein, können Sie entweder für eine gewisse Zeit (zum Beispiel eine Viertel- oder halbe Stunde) einfach in diesem Zustand verbleiben oder Fragen an Ihre Seele richten. Am Ende der Meditation lassen Sie Ihre Aufmerksamkeit wieder ins Hier und Jetzt zurückkehren und öffnen dann langsam die Augen. Haben Sie Erkenntnisse über sich gewonnen, notieren Sie diese.

Am Anfang gelingt es Ihnen vielleicht nur während der Meditation (oder noch nicht einmal dann), sich zu entspannen und mit Ihrem Inneren zu sprechen. Bei regelmäßiger Meditation über einen längeren Zeitraum geht das Gefühl der Einigkeit mit Ihnen selbst aber immer mehr in Sie über und es wird leichter für Sie, auch im Alltag mit Ihrer Seele in Kontakt zu stehen. Wenn dieses stille Meditieren nichts für Sie ist, können Sie einen Einklang von Körper, Geist und Seele aber auch in bewegtem Zu-stand herstellen.

YOGA & QI GONG

Eine Art, durch Bewegung zu sich selbst zu finden, ist das Yoga. Dieses vor ca. 5000 Jahren in Indien entwickelte Konzept umfasst diverse verschiedene Übungsstile, bei denen (fast) jeder etwas für seinen Geschmack findet.

Manche erfordern eine hohe Gelenkigkeit und etwas Mut, da man sich dabei ziemlich verrenken muss, andere aber stellen keine großen Ansprüche an die körperliche Fitness. Auch im chinesischen Qi Gong gibt es etliche verschiedene Unterarten, die vom sportlichen Tai-Chi-Chuan bis zum sehr langsamen, individuell anpassbaren Hui-Chun-Gong reichen.

Alle Übungen des Yoga und des Qi Gong basieren auf der Annahme, dass der Körper, der Geist und die Seele miteinander in Verbindung stehen und aufeinander wirken. So, wie sich eine unzufriedene Seele auf den Geist und den Körper auswirken kann, beeinflusst auch die Bewegung des Körpers den Geist und die Seele. Durch den Körper fließt die Lebensenergie, die aus der Seele entspringt.

Ist der Körper zum Beispiel verspannt, deutet dies zum einen auf eine seelische Unzufriedenheit hin; anderer-seits können physisch verursachte Verspannungen, wie beispielsweise durch eine falsche Arbeitshaltung, den Energiefluss behindern und somit nicht nur körperlich, sondern auch seelisch krank machen.

Durch die speziellen Übungen wird der Energiefluss angeregt und die Blockaden werden gelöst. So wird das System aus Körper, Geist und Seele insgesamt gesünder und kann besser in sich kommunizieren. Sie werden merken, dass Sie nach wenigen Übungssequenzen gelassener werden und klarer denken können. Während oder nach den Übungen spricht vielleicht Ihre Seele zu Ihnen und gibt Ihnen Ant-worten auf Fragen, die Sie schon länger beschäftigen. Erwarten Sie dies nicht, aber seien Sie darauf gefasst und nehmen Sie es dankend an.

Yoga und Qi Gong sollten Sie nur von entsprechend ausgebildeten Fachtrainern oder Physiotherapeuten lernen und die Übungen zu Anfang nur unter deren Aufsicht ausführen, um wirklich davon zu profitieren und nicht durch Fehler weitere Probleme auszulösen. Wenn Sie während Ihrer Reise zu Ihrem

Selbst solche Übungen zur Unterstützung anwenden möchten, erkundigen Sie sich am besten gleich nach guten Yoga- oder Qi-Gong-Lehrern in Ihrer Nähe.

PRANAYAMA – ATEMÜBUNGEN

Ein Teilbereich des Yoga ist das sogenannte Pranayama. Dies bedeutet „Kontrolle über die Atmung". Es handelt sich dabei sich um spezielle Atemtechniken, die oft nur als Beiwerk zu den körperlichen Übungen gesehen werden, jedoch für sich ebenfalls sehr wirksame Methoden darstellen. Viele von ihnen sind einfach zu erlernen und können auch allein zuhause ausgeführt werden.

Falls Sie an Herz-Kreislauf- oder Atemwegsproblemen leiden, sollten Sie jedoch zuvor mit Ihrem Arzt sprechen, und auch als Raucher sollten Sie vorsichtig sein.

Ein paar der einfachen **Atemtechniken** möchte ich Ihnen jetzt hier vorstellen. Bei allen gilt: Das Ziel ist die Entspannung, Sie dürfen sich also beim Atmen nicht verkrampfen. Wenn Sie merken, dass Ihnen die Übung nicht guttut (dass Sie zum Beispiel verspannt werden oder Ihnen schwindelig wird), brechen Sie die Übung bitte ab.

- ***Bauchatmung***: Diese ist die wahrscheinlich einfachste Atemübung, die man sich vorstellen kann. Sie können sie immer und überall anwenden – im Sitzen, Stehen, Liegen oder Gehen. Die Übung besteht einfach darin, in den Bauch zu atmen, wie man es im Schlaf oder als Baby tut. Atmen Sie entspannt, langsam und tief durch die Nase ein und lassen Sie dabei Ihren Bauch sich wölben. Spüren Sie, wie die Luft in Ihren Bauch strömt und dieser sich ausdehnt. Um sich den Effekt zu verdeutlichen, beobachten Sie Ihren Bauch. Sie können auch eine Hand flach auf diesen legen. Atmen Sie dann durch den Mund aus und lassen Sie Ihren Bauch sich ganz locker zurückziehen. Beobachten und fühlen Sie auch dies. Wiederholen Sie diese Atmung mehrfach während einer Minute.

- ***Bhramari***: Der Name ist Programm – Sie summen bei dieser Übung ähnlich wie die gleichnami-ge indische Bienenart. Setzen Sie sich zunächst hin und halten Sie den Oberkörper dabei gera-de und aufrecht, aber nicht verspannt.

Legen Sie dann Ihre Zeigefinger auf der jeweiligen Seite an Ihre Ohrknorpel. Hierbei handelt es sich um die Stelle, an der die Wange in die Ohrmuschel übergeht. Atmen Sie nun tief durch die Nase ein und wieder aus. Während des Ausatmens summen Sie laut. Halten Sie Ihren Mund während des gesamten Vorgangs geschlossen. Der Summton wird also auch mit geschlossenem Mund erzeugt, sodass er in Ihrem Mundraum vibriert. Dies spüren Sie durch Ihre Zeigefinger an den Ohrknorpeln. Wiederholen Sie die Übung für sechs oder sieben Male direkt nacheinander.

- ***Sitali***: Diese Übung dient der Erfrischung des Körpers und des Geistes. Durch die Kühlung und Klärung tritt Entspannung ein und Sie gewinnen einen Blick auf das Wesentliche. Unnötige Lasten fallen von Ihnen ab, sodass Körper und Geist bereit sind, mit der Seele zu kommunizie-ren. Setzen Sie sich dafür hin und halten Sie den Oberkörper wiederum aufrecht. Zu Beginn atmen Sie einfach ein paarmal langsam und tief durch die Nase ein und danach durch den Mund wieder aus. Dies dient erst der Vorbereitung. Die eigentliche Übung besteht dann darin, zunächst die Zunge auszustrecken und sie seitlich einzurollen. Atmen Sie nun, indem Sie die Luft durch Ihre gerollte Zunge einsaugen. Nachdem Sie auf diese Art tief eingeatmet haben, atmen Sie durch die Nase aus. Wiederholen Sie den Vorgang zehn bis 20 Male direkt nacheinander.

Nicht zum Pranayama gehörend, aber trotzdem sehr bekannt und wirksam ist die sogenannte ***4-7-8-Atmung***. Sie ist unter anderem bewährt bei Ängsten und Stress, aber auch zur Entspannung und bei Einschlafschwierigkeiten. Körper und Geist werden gelockert und innere Blockaden werden gelöst. Setzen oder legen Sie sich entspannt, aber gerade hin. Legen Sie nun die Zunge an Ihren Gaumen, so-dass die Spitze an der Rückseite der oberen Schneidezähne anliegt. Vor Beginn der Übung atmen Sie einmal entspannt aus. Dann atmen Sie durch die Nase ein, während Sie innerlich langsam bis vier zählen. Zählen Sie im Sekundentakt oder orientieren Sie sich am Sekundenzeiger einer Uhr. Anschließend halten Sie während sieben Sekunden die Luft an. Achten Sie dabei darauf, dass Sie sich nicht verspannen. Danach lassen Sie die Luft mit Druck durch den Mund ausströmen, während acht Sekunden verstreichen. Dabei soll Ihre Zunge in normaler Position liegen.

Wiederholen Sie diese Atmung viermal direkt nacheinander. Wenn Ihnen die Zeiten zu lang sind, können Sie diese auch reduzieren. Aber sie müssen immer im selben Verhältnis zueinanderstehen. Das heißt, wenn Sie eine Zeit um die Hälfte verringern, müssen Sie die anderen Zeiten ebenfalls um die Hälfte reduzieren. Wenn Sie zum Beispiel nicht sieben Sekunden lang die Luft anhalten können, möchten Sie diese Zeit vielleicht auf dreieinhalb Sekunden verringern. Dann müssen Sie das Einatmen auf zwei Sekunden und das Ausatmen auf vier Sekunden verkürzen.

SPORT, NATUR & HOBBY

Möchten Sie Ihren Körper, Ihren Geist und Ihre Seele in Einklang bringen, aber keine „richtigen" Übungen dafür machen? Dann gibt es mit Sport, auf Ausflügen in die Natur oder auch bei einem interessanten Hobby ganz einfache Methoden, wie Sie ohne Extraaufwand Ihre innere Balance fördern können.

Sport ist gut für die innere Ausgeglichenheit, denn er baut Stress ab. Die Stresshormone, die Ihr Kör-per durch Alltagsstress und negative Gedanken nutzlos produziert, bekommen durch Bewegung eine sinnvolle Verwendung und verschwinden somit aus dem Körper. An ihrer Stelle werden sogar noch Glückshormone ausgeschüttet, da Sport das Wohlbefinden fördert und Erfolgserlebnisse bringt.

Indem Sie sich bewegen, wird Ihr Geist freier, kann klarer denken und ist bereit, auf Ihre Seele zu hören. Die Steigerung der körperlichen Fitness bewirkt zudem, dass der Körper weniger mit seinen Wehwehchen auf sich aufmerksam macht und Sie Energie gewinnen, um die Pläne Ihrer Seele umzusetzen. Welche Art von Sport Sie treiben, ist egal. Sie können joggen, Rad fahren, wandern, klettern, schwimmen, surfen, turnen, boxen, Fußball spielen oder irgendetwas anderes machen. Wichtig dabei ist nur, dass Ihnen der Sport wirklich gefällt und Sie nicht überanstrengt. Denn ansonsten würden Sie dadurch wiederum Stress aufbauen.

Beachten Sie bitte außerdem, dass es einfach nur um die sportliche Betätigung bzw. Bewegung an sich geht – welche Strecke Sie schaffen, wie schwere Gewichte Sie stemmen, wie schnell Sie sind, wie viele Tore Sie schießen etc. ist dabei vollkommen egal. Genießen Sie einfach den Moment und spüren Sie, wie die Energie durch Ihren Körper fließt. Natürlich sind kleine Steige-rungen auch erstrebenswert. Gehen Sie es aber langsam an, denn die Muskeln, die Kondition und ggf. auch das Know-how müssen erst einmal aufgebaut werden.

Denken Sie immer daran, dass Ihr Ziel ein-fach die Bewegung ist. Dies allein ist schon ein Erfolg für Ihre innere Balance. Leistungsfortschritte sind erfreulich, aber es macht überhaupt nichts, wenn Sie sich nicht steigern. Übrigens muss es nicht einmal „richtiger" Sport sein, sondern jede Art von Bewegung wirkt sich ebenfalls positiv aus. Wenn Sie also ein Sportmuffel sind, gehen Sie doch einfach spazieren, betätigen Sie sich im Haushalt oder tanzen Sie zu Ihrer Lieblingsmusik.

Natur und Bewegung lassen sich wunderbar vereinen, sodass Sie gleich auf zweierlei Art Ihren inneren Einklang fördern. In der Natur können Sie durchatmen, die Gedanken werden klar, der Stress fällt von Ihnen ab. Nach einer kleinen Weile vergessen Sie alles, was Sie in der Stadt, bei sich zuhause oder auf der Arbeit zurückgelassen haben. Sie sind mit sich und der Natur allein. Um Sie herum sind nur Bäume, Blumen, zwitschernde Vögel, ein paar Schmetterlinge oder Bienen. Über Ihnen der Himmel, egal, ob blau oder grau, und unter Ihren Füßen der natürliche Erdboden oder eine Wiese. Entspannung pur.

Sie brauchen gar nicht mit Absicht in sich zu gehen, das geschieht in dieser Umgebung von ganz allein. Ihr Körper entspannt sich, Ihr Geist wird ruhiger – das ist der Moment, in dem Ihre sonst so stille See-le das Wort ergreift und die Drei sich plötzlich in einer Sprache unterhalten.

Gehen Sie so oft wie möglich in die Natur, je unberührter, desto besser. Bewegen Sie sich dort oder setzen Sie sich auch einfach ganz entspannt hin und nehmen Sie einfach alle Anblicke, Geräusche und Gerüche in sich auf. Lassen Sie die Natur auf sich wirken. Auch dies ist eine Art der Meditation.

Die Natur bringt Sie Ihrer Seele näher, denn die Seele gehört zur Natur. Aus der Natur entspringt das Leben – ohne sie gäbe es nichts, auch uns Menschen nicht. Je näher Sie der Natur sind, desto näher sind Sie sich selbst. Verbringen Sie Ihre Freizeit lieber im Wald anstatt im Einkaufszentrum oder vor dem Fernseher. Ihre Seele wird es Ihnen danken, und Ihr Körper auch – denn die Natur macht uns nach-weislich gesünder. Sie verbessert zum Beispiel das Immunsystem, senkt die Ausschüttung von Stress-hormonen und verringert das Risiko von Herz-Kreislauf-Erkrankungen. Indem Sie Ihr körperliches Wohlbefinden steigern, tragen Sie wiederum zu mehr innerem Frieden bei, da Ihr Geist sich um weniger gesundheitliche Sorgen kümmern muss und somit freier für die Kommunikation mit Ihrer Seele ist.

Wenn Sie nur selten die Gelegenheit haben, in die Natur zu gehen, können Sie Ihr Wohlbefinden und Ihre innere Balance aber immerhin täglich fördern, indem Sie sich ein Stück Natur nachhause holen.

Haben Sie einen Garten, legen Sie dort eine üppige Bepflanzung mit Bäumen, Sträuchern und Blumen an und lassen der Tier- und Pflanzenwelt darin viel Freiraum, um sich wie in einem kleinen Wald frei zu entfalten – so frei, wie sich Ihre Seele entfalten möchte. Auch auf Ihren Balkon und in Ihre Wohnung sollten Sie sich so viele „grüne Freunde“ wie möglich holen, um der Natur und Ihrer Seele eine kleine Oase anzulegen.

Denken Sie bei alldem daran, dass die Natur nicht nur Ihnen etwas gibt, sondern auch Sie der Natur etwas zurückgeben sollten. Dafür müssen Sie nicht viel tun – respektieren Sie sie einfach, verschmutzen Sie sie nicht und greifen Sie nur in sie ein, wenn es für ihren Erhalt notwendig ist (zum Beispiel, wenn eine Ihrer Pflanzen von Schädlingen aufgefressen wird).

Leben Sie auch in Ihrem sonstigen Leben so weit wie möglich im Einklang in der Natur, gehen Sie zum Beispiel sparsam mit den Ressourcen um, gehen Sie zu Fuß oder fahren Sie mit dem Fahrrad, trennen Sie Ihren Müll, verzichten Sie auf Flugreisen und kaufen Sie Produkte aus biologischer Landwirtschaft. Schließlich wollen Sie sich, Ihren Kindern und Enkeln (oder anderen Kindern, falls Sie selbst keine möchten) die wohltuende Wirkung der Natur und die Grundlage des Lebens ja sicher noch lange Zeit erhalten. Sie werden zudem merken, dass auch Ihr verantwortungsvolles Verhalten gegenüber der Natur einen direkten positiven Effekt auf Ihre innere Balance hat, denn Ihre Seele weiß, welches Verhalten richtig ist, und ein gutes Gewissen führt zu Wohlbefinden, Entspannung und klarem Denken.

Hobbys fördern ebenfalls den Einklang von Körper, Geist und Seele. Ideal sind kreative Tätigkeiten, da Sie sich dabei stark konzentrieren müssen. Ansonsten klecksen Sie die Farbe auf den Fußboden an-statt auf das Papier, fotografieren Ihre Schuhspitzen statt der Landschaft oder treffen mit dem Hammer nicht den Nagel, sondern Ihren Daumen. Ob Malerei, Fotografie, Musik, Gesang, Schriftstellerei, Handwerk oder sonst eine kreative Beschäftigung,

Sie sollten immer ganz bei der Sache sein. Lieben Sie diese Beschäftigung wirklich, wird Ihnen das ziemlich leichtfallen. Sie versinken automatisch in sich und Ihr Tun, sodass Sie alles um sich herum ausblenden und an nichts anderes denken als an Ihr Schaffen. Vielleicht haben Sie schon ein Hobby (oder einen Beruf), bei dem Sie derart zur Ruhe kommen und ein Gefühl von Sinnhaftigkeit entwickeln – wenn nicht, probieren Sie aus, bei welchen Tätigkeiten so ein versunkener Zustand eintritt.

Wenn Sie nicht kreativ sind, tun es natürlich auch andere Hobbys. Es kommt darauf an, dass Sie die Beschäftigung wirklich gern tun. Vielleicht lesen Sie gern oder sammeln Briefmarken – wenn Sie sich dabei ruhig und entspannt fühlen und in der Beschäftigung aufgehen, hilft auch das Ihrer inneren Balance. Eine Ausnahme gilt für Fernsehen, Computerspiele, Smartphone-Aktivitäten und sonstigen „Daten-Müll", denn hierbei können Sie sich aufgrund der Reizüberflutung erstens nicht entspannen und zweitens prasseln so viele fremde Eindrücke auf Sie ein, dass Sie sich selbst noch weiter aus den Augen verlieren.

Besser sollten Sie so wenig wie möglich die modernen Medien nutzen, schließlich wollen Sie sich ja gerade von den ganzen fremden Ansichten freimachen und Ihr eigenes Leben führen. Legen Sie sich feste Zeiten zu, um Ihre notwendige Kommunikation zu betreiben (keinesfalls direkt nach dem Aufstehen oder unmittelbar vor dem Zubettgehen!), und beachten Ihr Handy ansonsten nicht.

Das fällt am Anfang wahrscheinlich noch schwer, also üben Sie in immer länger werdenden Zeitabständen. Legen Sie Ihr Smartphone innerhalb dieser Zeiten ausgeschaltet an einen von Ihnen entfernten Ort und lenken sich mit einer anderen Beschäftigung von dem Drang ab, auf Ihr Handy zu gucken. Nach und nach wird es Ihnen leichter fallen, ohne Ihr Handy auszukommen.

Wenn Sie privat mehr als eine Stunde täglich am Computer oder vor dem

Fernseher verbringen, sollten Sie hier eben-falls strenge Maßnahmen ergreifen. Das Leben findet nicht auf dem Bildschirm statt. Sie führen Ihr eigenes Leben, also leben Sie es auch Ihnen selbst getreu und lassen sich nicht in den Sog der Medien ziehen.

ACHTSAM IM HIER UND JETZT LEBEN

Ebenfalls diese Methode war bereits den Philosophen des alten Griechenlands und Chinas bekannt. *Achtsamkeit* heißt im Grund nur „Aufmerksamkeit", doch hier geht es um die zielgerichtete, konzentrierte Aufmerksamkeit für eine bestimmte Wahrnehmung. Heutzutage wird „Mindfulness", wie Achtsamkeit im modernen Sprachgebrauch genannt wird, in erster Linie zum Stressabbau genutzt, während es in der Philosophie einschließlich dem Buddhismus um eine erhöhte Aufmerksamkeit gegenüber sich selbst und der Umwelt geht.

Eigentlich ist **Achtsamkeit** etwas ganz Natürliches – sie heißt nur, mit offenen Sinnen durch das Leben zu gehen und sich auf eine Sache oder Tätigkeit voll zu konzentrieren. Achtsamkeit bedeutet insofern, im Hier und Jetzt zu leben, denn nur dann kann man alle Details der Umwelt und der eigenen körperlichen, geistigen und seelischen Empfindungen wahrnehmen. Durch Stress, negative Gedanken und die Einflüsse unserer modernen, schnellen und digitalen Welt ist diese Fähigkeit weitgehend verlorengegangen, aber sie ist wieder erlernbar. Im Folgenden lernen Sie einige **Übungen** kennen:

- **Betrachten Sie einen Gegenstand ganz genau und intensiv**. Versuchen Sie, alle Einzelheiten zu erkennen. Das können Sie immer und überall tun, denn alles eignet sich als Objekt der Betrachtung. Schauen Sie sich zum Beispiel ein Blatt eines Baumes, einen Stein, ein Bild, Ihre Hose oder Ihre Hand ganz in Ruhe an. Beschreiben Sie sich selbst innerlich, was Sie sehen. Wenn möglich, sehen Sie sich den Gegenstand von allen Seiten an. Versuchen Sie, alle Einzelheiten zu erfassen.

- **Schließen Sie die Augen und konzentrieren Sie sich auf das, was Sie hören**. Nehmen Sie alle Geräusche wahr, die lauten wie die leisen. Versuchen Sie, zu ergründen, aus welcher Richtung sie kommen und wodurch sie ausgelöst werden. Fokussieren Sie sich dann auf eines der Geräusche und lauschen Sie ihm mit Ihrer ganzen Aufmerksamkeit, sodass alle anderen Töne dahinter verschwinden. Auch diese Übung können Sie überall spontan ausführen, aber auch mit Musik ist sie möglich. Besonders entschleunigend wirkt sie, wenn Sie dafür in die Natur gehen.

• **Nehmen Sie sich Zeit zum Essen und Trinken**, anstatt es wie sonst herunterzustürzen, während Sie an etwas anderes denken. Wenn Sie essen, essen Sie, und wenn Sie trinken, trinken Sie. Tun Sie so, als ob das gerade in dem Moment die wichtigste Beschäftigung auf der Welt wäre. Riechen Sie zunächst an Ihrem Getränk oder Ihrer Mahlzeit, bevor Sie einen kleinen Schluck oder Bissen nehmen. Konzentrieren Sie sich dann voll auf den Geschmack und die Konsistenz Ihrer Nahrung – am besten, bis Sie alles aufgegessen oder ausgetrunken haben. Genießen Sie Ihr Essen oder Trinken, fühlen Sie die wohltuende Wirkung im Körper und seien Sie dankbar dafür.

• **Nehmen Sie einen Gegenstand in die Hand und schließen Sie die Augen. Betasten Sie das Objekt ausgiebig von allen Seiten**. Achten Sie auf die Form, die Oberflächenbeschaffenheit, die Struktur, das Gewicht und alle kleinen Details. Gut ist auch, wenn Sie sich eine Schale oder ein Tablett mit unterschiedlichen Gegenständen in Griffweite hinstellen und mit geschlossenen Augen immer ein Objekt herausnehmen. Allein durch das Betasten mit Ihren Händen müssen Sie dann herausfinden, um welchen Gegenstand es sich handelt.

• **Spannen Sie die Muskeln eines Körperteils an, halten Sie die Spannung kurz und entspannen Sie die Partie dann wieder**. Spüren Sie, wie sich die Anspannung und die Entspannung anfühlen. Dies können Sie mit einzelnen Muskeln bzw. Körperteilen tun, aber auch in Form der Progressiven Muskelentspannung. Bei dieser zum Beispiel gegen Stress, Angst und Verspannungen eingesetzten Methode beginnen Sie mit den Händen, machen dann mit den Armen weiter, gehen über die Schultern in den Rücken, dann in den Bauch und schließlich in die Beine und Füße. Der Sinn dahinter ist, dass sich die Spannung immer auf die nächsten Muskelpartien überträgt. Durch diese Übung spüren Sie intensiv Ihren Körper, werden entspannter und lernen, die Signale Ihrer Muskeln (zum Beispiel in Stresssituationen) zu deuten.

- **Führen Sie eine Tätigkeit langsamer als gewohnt aus**. Was es ist, können Sie ganz frei entscheiden. Legen Sie sich eine bestimmte Zeit fest, während der Sie täglich in gemächlichem Tempo leben möchten, und erweitern Sie diese nach und nach. Beginnen Sie zum Beispiel mit zehn Minuten, dann erhöhen Sie auf 15 Minuten, dann auf 20 und so weiter. Konzentrieren Sie sich während der betreffenden Dauer ausschließlich auf Ihre jeweilige Tätigkeit. So entschleunigen Sie und lernen, dass es nicht darauf ankommt, wie schnell man etwas macht, sondern was man gerade im Moment tut.

- **Machen Sie etwas anders als üblich**. Der Mensch steckt voller Gewohnheiten und je gewohnter etwas ist, desto unachtsamer kann man dabei sein. Schließlich geschieht ja alles nach einem bekannten Muster. Ändern Sie das nun – nehmen Sie sich Zeit, um eine Handlung entgegen Ihren Gewohnheiten auszuführen. Zum Beispiel schreiben Sie als Rechtshänder mit links, decken Ihren Frühstückstisch in einem anderen Raum, fahren eine andere Strecke zur Arbeit oder ändern Ihre Abendroutine. Durch das Ungewohnte müssen Sie sich stärker konzentrieren, sodass Ihre Aufmerksamkeit ins Hier und Jetzt gelenkt wird.

- **Synchronisieren Sie Ihre Schritte mit Ihrem Atem**. Diese Übung lässt sich immer beim Spazierengehen oder bei Besorgungen des Alltags einbinden. Konzentrieren Sie sich auf Ihre Schritte und versuchen Sie, so gleichmäßig wie möglich zu gehen. Während einer bestimmten Anzahl von Schritten atmen Sie ein und auch das Ausatmen passen Sie Ihren Schritten an. Beispielsweise atmen Sie während drei Schritten ein und während der nächsten drei aus. Achten Sie darauf, dass Sie natürlich, tief und entspannt atmen. Passt es nicht, ändern Sie die Schrittweite oder Schnelligkeit, aber nicht die Atemgeschwindigkeit.

- **Schauen Sie in die Ferne** (zum Beispiel auch aus dem Bürofenster). Suchen Sie mit Ihren Augen den entferntesten Punkt, den Sie erkennen können. Fixieren Sie ihn für eine Weile. Achten Sie darauf, nicht zu starren, sondern entspannt zu gucken. Anschließend lösen Sie sich von diesem Punkt und beginnen, mit Ihren Augen die Umrisse der Landschaft, der Stadt etc. nachzuzeichnen. Halten Sie den Kopf dabei still. So beschäftigen Sie sich nicht nur intensiv und aktiv mit dem, was Sie sehen, sondern entspannen auch Ihre Augenmuskulatur.

Es gibt noch viele weitere Möglichkeiten, Achtsamkeit zu üben. Sicher fällt Ihnen selbst so einiges ein. Seien Sie von morgens bis abends ganz bei dem, was Sie gerade tun, und haben Sie offene Sinne für Ihre Umwelt. Dann kann Ihr ganzes Leben achtsam sein und es entsteht ein starkes Zusammengehörigkeitsgefühl zwischen den drei Freunden Körper, Geist und Seele.

Nicht nur deswegen macht Achtsamkeit Sie aber glücklicher - indem Sie mit Ihrer Aufmerksamkeit im Hier und Jetzt sind, können Sie viel mehr schöne Dinge wahrnehmen, die sonst an Ihnen vorbeigegangen sind. Kleine Momente, die große Beachtung verdienen, wie zum Beispiel ein romantischer Sonnenuntergang, das Lichtspiel durch die Baumblätter, das Frühstück, die Dusche, das kuschelige Bett oder die Nähe Ihrer Liebsten. All das ist nicht selbstverständlich. Jede winzige Kleinigkeit ist ein Geschenk.

Achtsamkeit ist die Voraussetzung, um die vielen positiven Details des Lebens wahrzunehmen und Dankbarkeit zu entwickeln. Dies wiederum ist eine große Hilfe, wenn Sie zufriedener werden möchten. Zwar wollen Sie Zufriedenheit durch Ihre Selbstfindung erreichen und sollen dies auch. Aber auch umgekehrt funktioniert es:

Wenn Sie zufrieden sind, fällt es Ihnen leichter, Sie selbst zu werden und zu bleiben. Denn es entsteht Ruhe und Wohlbefinden in Ihnen - Ruhe, die der Geist zum klaren Denken braucht, und Wohlbefinden, das den Körper und die Seele stärkt. Halten Sie daher stets all Ihre Sinne auf Empfang und seien Sie bereit, in jedem Augenblick die kleinen Geschenke des Lebens entgegenzunehmen.

DAS HABE ICH IN DIESEM KAPITEL ÜBER MICH GELERNT

Schritt 2: Die Kunst, sich selbst zu lieben

Wenn man doch eigentlich als man selbst auf die Welt kommt, warum bleibt man es dann nicht? Nur, weil andere Menschen andere Ansichten haben und man verschiedene Erfahrungen sammelt, müsste man sich normalerweise nicht verlieren. Ein Fels, der im Meer steht und ständig dem Wetter und dem Wellengang ausgesetzt ist, bleibt ja auch einfach stehen und verändert sich nicht. Leider sind die meisten Menschen aber nicht so stark wie ein Fels. Die Meinungen der anderen beeinflussen uns und die Erfahrungen zeigen uns, wie man sich „am besten“ verhält und wie nicht. Doch warum?

Weil wir uns selbst nicht so viel wert sind wie das Urteil anderer. Wir wollen gefallen, positives Feedback bekommen und Erlebnisse vermeiden, die in irgendeiner Art Schaden oder Schmerzen für uns verursachen. Wir denken: „Die anderen werden es schon wissen. Wenn die mich schlecht finden, kann ich ja nicht gut sein.“

Wir suchen Anerkennung und Liebe, um uns unseren Wert zu bestätigen. Wertvoll fühlen wir uns nur, wenn andere uns dafür halten. Wir definieren uns durch die Sichtweise der anderen, denn nur, wenn diese uns „gut“ sehen, mögen sie uns. Also geben wir uns selbst auf, um an diese begehrte Liebe zu kommen. Dabei verbiegen wir uns mehr und mehr – was auch daran liegt, dass verschiedene Menschen unterschiedliche Ansprüche an uns haben und wir versuchen, es jedem recht zu machen.

Das große Problem ist, dass wir uns selbst eigentlich gar nicht lieben, aber Liebe erfahren wollen. Dies macht unser Selbst angreifbar und verletzlich. Wenn wir uns selbst lieben würden, hätten wir stabile innere Grundfeste wie der Fels in der Brandung. Wir könnten wir selbst sein, ohne befürchten zu müssen, nicht geliebt zu werden, denn wir hätten ja immer die Liebe von uns selbst. Wir wären unabhängig von der Gunst der anderen. Wir wären frei und könnten uns ebenso frei entfalten, ohne uns darum zu kümmern, was irgendjemand anderes von uns denkt.

Wenn ein Mensch allerdings tatsächlich so stark ist, dann wird ihm unterstellt, dass er selbstverliebt sei. Sicherlich hat jeder von uns im Laufe seines Lebens mal einen solchen Menschen kennengelernt und mitbekommen, wie die anderen über ihn reden. Wie sie versuchen, ihn kleinzukriegen, indem sie ihn aufs Heftigste kritisieren, und wie sie über diesen „arroganten Schnösel" lästern, wenn das alles an ihm abprallt und er einfach sein Ding macht. Sie lästern, weil sie neidisch sind – auch sie wären gern sie selbst, aber sie trauen sich nicht, und so bauen sie sich dadurch auf, dass sie andere schlechtmachen.

So wie dieser Mensch, über den gelästert wird, möchten wir nicht sein. Nicht, dass wir ihn nicht heimlich bewundern würden, aber so allein im Kreuzfeuer der Kritik zu stehen, wäre doch ein sehr unschönes Gefühl. Und so prägen wir uns ein: Sich selbst zu lieben heißt, arrogant zu sein, und führt zu Problemen.

Selbstliebe ist jedoch ganz und gar nicht dasselbe wie Selbstverliebtheit bzw. Arroganz, Hochmut, Egoismus und dergleichen! Sich selbst zu lieben, bedeutet einfach, dass man weiß, dass man wertvoll ist, egal, was andere sagen. Selbstliebe ist gleichbedeutend mit Selbstachtung oder Selbstwertgefühl. Sie ist die Basis für ein zufriedenes, erfülltes Leben, denn nur mit ihrer Hilfe kann man dem eigenen Selbst treu sein. Ihr Selbst verdient es, geliebt zu werden, und zwar von Ihnen. Es ist Ihre Seele, es gehört zu Ihnen, es schenkt Ihnen all Ihre positiven Eigenschaften. Auch Ihr Leben schenkt es Ihnen, denn ohne eine Seele wären Sie nicht da.

Zu Ihnen gehören ja aber auch noch Ihr Geist und Ihr Körper (die hoffentlich nach dem vorigen Kapitel schon etwas mehr im Einklang sind). Auch diese beiden Teile von Ihnen verdienen es, dass Sie sie lieben. Denn nur als dieses Gesamtpaket sind Sie der Mensch, der Sie sind. Ihre Seele hat sich diesen Geist und diesen Körper gesucht. Für sie ist alles daran perfekt.

Warum lassen Sie dann zu, dass fremde Menschen Ihnen einreden, Sie seien es nicht? Sie müssen für niemanden perfekt sein, außer für sich selbst. Und für sich selbst sind Sie perfekt, wenn Sie einfach Sie selbst sind. Wer und wie Sie sind, müssen Sie zwar erst noch herausfinden, da Sie Ihr Selbst aus Angst vor Missachtung schon zu lange verdrängt haben. Bevor es zu jenen Schritten der Reise geht, möchte ich aber, dass Sie bereits jetzt lernen, wie Sie sich selbst Wertschätzung zeigen können.

„20 DINGE, DIE ICH AN MIR LIEBE"

Stellen oder setzen Sie sich jetzt erst einmal vor einen Spiegel. Sie sind es sicher gewohnt, auf das an sich zu achten, was Ihnen nicht gefällt bzw. was anderen nicht gefällt. Kaum schauen Sie in den Spiegel, suchen Sie nach Makeln, um diese irgendwie zu verbergen. Damit soll jetzt Schluss sein. Sie besitzen etliche Merkmale, die schön und wunderbar sind. Verschließen Sie nicht länger die Augen davor. Trauen Sie sich, Ihre Schönheit zu entdecken. Vielleicht entsprechen Sie nicht dem allgemeinen Schönheitsideal, aber dieses Ideal wird nur von der Meinung anderer Menschen geformt – Menschen, die ihrerseits auch schon von anderen Menschen beeinflusst wurden und diesen Unsinn von Generation zu Generation weitertragen. Jeder Mensch ist schön, egal, wie er aussieht. Es gibt kein ideales Aussehen. Das liegt nicht nur daran, dass Geschmäcker (unabhängig von der Norm) durchaus verschieden sind, sondern vor allem an der Tatsache, dass Sie für niemanden außer für sich selbst schön sein müssen.

Verwerfen Sie das allgemeine Bild vom „perfekten" Aussehen und betrachten Sie sich ganz unvoreingenommen im Spiegel. So, als ob Sie nie von Schönheitsidealen gehört und sich niemals mit jemandem verglichen hätten. Sie und Ihr Spiegelbild sind jetzt ganz allein auf der Welt. Was sehen Sie? Beachten Sie jedes kleinste Detail. Gehen Sie mit Ihren Blicken vom Scheitel bis zu den Füßen (wahlweise bekleidet oder unbekleidet).

Suchen Sie dabei gezielt nach Aspekten, die Sie schön finden – Sie ganz persönlich, ohne daran zu denken, was andere Ihnen vielleicht im Leben schon gesagt haben oder was Sie in den Medien gehört und gesehen haben. Die Aufgabe ist, mindestens (!) zehn äußere Eigenschaften an Ihnen zu finden, die Ihnen selbst gefallen. Notieren Sie sich diese Eigenschaften auf einem Blatt Papier.

Anschließend wenden Sie Ihren Blick nach innen und betrachten Ihre nicht sichtbaren Eigenschaften – Ihre Fähigkeiten und Ihr Verhalten. Sehen Sie sich wiederum nur mit Ihren eigenen Augen. Was können Sie gut? Inwiefern stellen Sie eine Bereicherung für die Welt dar? Was haben Sie im Leben schon geleistet? Konzentrieren Sie sich auch hierbei nur auf Ihre guten Seiten und finden Sie wiederum mindestens zehn positive Aspekte, die Sie aufschreiben.

Ihre Notizen aus beiden Durchgängen nutzen Sie nun, um einen kleinen Text über sich zu schreiben. Eine Lobrede an Ihr Selbst. Es kommt Ihnen sicher befremdlich vor, sich zu „beweihräuchern", aber es ist vollkommen in Ordnung, dass Sie sich selbst loben und bewundern. Bewahren Sie sich Ihren Text gut auf und lesen Sie ihn sich immer wieder durch, besonders, wenn Sie gerade Selbstzweifel haben.

„NOBODY IS PERFECT"

Trotz aller guten und schönen Eigenschaften haben Sie auch ein paar Facetten, die nicht ganz so bewundernswert sind. Vielleicht haben Sie sogar richtig negative Eigenschaften. Das ist absolut okay. Jeder hat das. Ich erwähnte es schon – perfekt ist niemand, jedenfalls nicht für andere. Und zwar wirklich niemand. Auch nicht die Models oder berühmte Persönlichkeiten, die Sie im Fernsehen sehen. Und auch nicht Ihr Überflieger-Kollege, der seinen Abschluss mit Bestnote geschafft hat und innerhalb eines Jahres die Beförderung ergattert hat, die Sie sich seit 15 Jahren wünschen.

Auch diese Menschen haben Schwachstellen, so wie Sie. Gleichzeitig sind diese Personen – und genauso Sie – aber trotz und gerade wegen dieser Schwächen perfekt. Denn nur die Einheit aller Eigenschaften bildet den gesamten Menschen. Ohne Ihre „schlechten Seiten" wären Sie nicht die Person, die Sie sind, und hätten insofern auch nicht Ihre positiven Eigenschaften. Um sich selbst zu lieben, müssen Sie alles an sich akzeptieren. Auch das, was vermeintlich unvorteilhaft ist.

Betrachten Sie daher jetzt erneut Ihr Äußeres und Ihr Inneres. Achten Sie diesmal auf das, was Ihnen nicht an sich gefällt, und schreiben Sie es ebenfalls auf. Es sollten nur Aspekte sein, mit denen Sie wirklich dauerhaft unzufrieden sind. Anschließend fragen Sie sich:

• Kann ich es ändern? Wenn nicht, malen Sie sich einen lächelnden Smiley zu dem Eintrag, denn es ist ein untrennbarer Teil von Ihnen.

• Wenn Sie es ändern können, fragen Sie sich: Muss ich es für mich selbst ändern? Stellen Sie sich vor, Sie wären auf einer einsamen Insel – wäre diese Eigenschaft von Ihnen dort wichtig? Wenn nicht, malen Sie auch hierhin einen lächelnden Smiley, denn die Eigenschaft ist für Sie selbst vollkommen in Ordnung und nur von außen wurde Ihnen eingeredet, dass sie etwas Negatives ist.

• Bleibt nun noch etwas übrig, wo sich noch kein lächelnder Smiley befindet? Dann handelt es sich um etwas, das Sie selbst stört und das Sie abstellen können. Da es in Ihrer Hand liegt, es zu ändern, malen Sie auch dahinter einen lächelnden Smiley.

Jetzt ist Ihr negativer Zettel auf einmal ganz positiv. Ihre „schlechten Seiten" lächeln Sie an. Genauso lächelnd können Sie diesen Eigenschaften begegnen und allen Menschen, die Sie dafür kritisieren. Wenn Sie nun wieder mal in Selbstzweifel verfallen, sich für Anerkennung zu verbiegen versuchen oder Ihnen Missachtung entgegenschallt, sagen Sie einfach lächelnd:

„Na und? Niemand ist perfekt. Aber ich bin perfekt ich."

Akzeptieren und lieben Sie Ihr gesamtes Selbst mit allen äußeren und inneren Eigenschaften. Auch das, was Sie wirklich selbst nicht gut an sich finden, ist (jedenfalls, bis Sie es möglicherweise ändern) ein Teil Ihrer Persönlichkeit, Ihres Wesens. Missachten Sie einzelne Eigenschaften von sich, missachten Sie Ihr gesamtes Ich. Akzeptieren Sie aber all Ihre Facetten, sind Sie mit sich selbst im Reinen und bereit dafür, sich als den Menschen zu lieben, der Sie wirklich sind.

„WEG MIT DEN BÖSEN WORTEN"

Haben Sie sich schon einmal bewusst zugehört, wie Sie mit sich reden? Jeder Mensch führt im Inneren oder manchmal auch äußerlich Selbstgespräche. Leider sind es in den wenigsten Fällen warmherzige und wertschätzende Worte, die wir uns sagen, sondern wir machen uns regelrecht nieder, beschimpfen uns selbst, überhäufen uns mit Vorwürfen.

Das ist fatal, denn so erschaffen wir uns selbst einen immer negativeren Eindruck von uns. Das Gehirn beschäftigt sich ständig mit den abwertenden Gedanken, die es sich durch die Worte selbst vermittelt. So gerät ein Prozess in Gang, der sich so weit steigern kann, dass Sie jegliches Selbstbewusstsein verlieren und sich nur noch als „Versager" wahrnehmen.

Auch wenn sich Ihre Selbstbezichtigungen zu Anfang „nur" auf einen Bereich, wie zum Beispiel Ihr Aussehen, Ihre Intelligenz oder Ihre Leistungen, beziehen, breitet sich das Gefühl, nichts wert zu sein, bald auf andere Teile Ihres Wesens aus. So rauben Sie sich selbst das Fundament für ein glückliches Leben.

Denn bei jedem negativen Gedanken werden Stresshormone ausgeschüttet und diese führen dazu, dass Sie nicht mehr klar denken können. So sind Sie leichter beeinflussbar, weniger leistungsfähig und steigern sich in eine Abwärtsspirale aus Misserfolgen und negativer (Selbst-) Kritik hinein.

Das Fluchen über die eigenen Fehler und Unzulänglichkeiten ist zwar wie ein Reflex und die Worte oder Gedanken sind schneller raus, als man „Stopp!" sagen kann. Aber Sie können aktiv gegensteuern – indem Sie absichtlich immer wieder positive Gedanken über sich haben und sich etwas Anerkennendes sagen.

Lassen Sie sich nicht auf die negativen Gedanken ein, denn auch ein „Das stimmt doch gar nicht" stärkt diese insofern, als dass Sie sich überhaupt mit ihnen befassen. Beachten Sie sie gar nicht, sondern denken Sie bewusst an Ihre positiven Eigenschaften.

Denken Sie aber nicht nur, sondern loben Sie sich. Fassen Sie Ihre Anerkennung in Worte. Rufen Sie sich in Erinnerung, was Sie heute, gestern, vorigen Monat oder zu anderen Zeiten Ihres Lebens gut gemacht haben und formulieren Sie dafür einen Dank an sich selbst. Jeden Tag sollten Sie sich mindestens einmal mit anerkennenden Worten bedenken.

Sich selbst für etwas anzugreifen, das Ihnen misslungen ist, ist ab sofort tabu. Wenn Sie sich dabei ertappen, schicken Sie sofort positive Worte hinterher. Zählen Sie sich Ihre guten Eigenschaften auf und legen Sie sich Sätze zurecht, die Sie sich immer wieder als Gegenmittel und zur Vorbeugung sagen können, zum Beispiel:

„Ich bin gut, wie ich bin."

„Ich bin wertvoll."

„Ich akzeptiere mich voll und ganz."

„Ich bin froh, dass es mich gibt."

„BITTE LÄCHELN!"

Vielleicht kennen Sie den Spruch „Ein Blick sagt mehr als tausend Worte". Wie schauen Sie sich selbst im Regelfall an? Welchen Gesichtsausdruck haben Sie, wenn Sie sich nicht gerade bemühen, auf andere positiv zu wirken? Gehen Sie jetzt gleich mal zum Spiegel, ohne Ihren Gesichtsausdruck zu verändern.

Wahrscheinlich schaut Ihnen ein ziemlich missmutiger Mensch entgegen, die Augenpartie ist verkrampft, die Mundwinkel zeigen leicht nach unten. Möchten Sie von jemandem so angeschaut werden? Warum schauen Sie sich dann selbst so an?

Gehen wir jetzt gleich zur Übung über. Diese ist eigentlich ganz leicht: Mundwinkel hoch! Lächeln ist ein Ausdruck der Freude. Sie freuen sich doch, dass Sie da sind, oder? Dann zeigen Sie sich das auch durch Ihren Gesichtsausdruck. Lächeln Sie sich an, immer stärker, bis sich Ihr ganzes Gesicht entspannt und die Augen mitlächeln.

Wenn es nicht gleich klappt, denken Sie an etwas, das Sie fröhlich macht. Wenn auch das nicht hilft, gibt es eine (vielleicht etwas komisch wirkende) Notfall-Methode: Klemmen Sie sich einen Bleistift zwischen die Lippen. Quer natürlich, sodass seine beiden Enden nach links und rechts zeigen. Schauen Sie jetzt wieder in den Spiegel. Was erkennen Sie? Indem Sie den Stift mit den Lippen festhalten, heben Sie automatisch Ihre Mundwinkel. Vielleicht finden Sie Ihren Anblick jetzt sogar so lustig, dass Sie zu lachen anfangen – umso besser, auch wenn der Bleistift dabei herunterfällt.

Üben Sie, bis das Lächeln für Sie ganz natürlich ist. Immer, wenn Sie an einem Spiegel (oder einer blankgeputzten Fensterscheibe) vorbeikommen, lächeln Sie sich an. Denken Sie auch ohne Spiegelbild daran, so oft es geht zu lächeln. Dadurch vermitteln Sie sich:

„Hey, alles ist gut. Ich bin zufrieden mit mir."

Insbesondere auch, wenn Sie sich gerade nicht gut fühlen, sollten Sie lächeln. Das klingt zwar merkwürdig, aber die Neurowissenschaft fand tatsächlich heraus, dass wir durch Lächeln und Lachen glücklicher werden. Sogar körperliche Beschwerden können durch diese einfache Übung gelindert werden. Denn beim Lächeln und Lachen werden Glückshormone ausgeschüttet und diese führen zu einem gesteigerten Wohlbefinden. Lächeln Sie, wenn Sie Ihr Spiegelbild sehen oder etwas für sich tun, versichern Sie sich damit selbst:

„Mit mir ist alles in Ordnung. Ich bin ein Grund zur Freude."

„DAS BIN ICH MIR WERT!"

Nicht nur durch Worte und Ihr Lächeln sollten Sie sich aber zeigen, dass Sie sich selbst viel wert sind. Sie sollten sich auch immer wieder etwas gönnen. Ich meine damit nicht, dass Sie sich teure Geschenke machen – denn der Wert eines Menschen bemisst sich nicht in Geld. Es gibt viele Möglichkeiten, wie Sie sich mit sehr wenig oder gar keinem Geld Wertschätzung schenken können.

Überlegen Sie sich jeden Tag etwas kleines Schönes, womit Sie sich dafür belohnen, dass Sie einfach da sind. Es kann zum Beispiel ein Entspannungsbad, ein Lieblingsessen oder ein gemütliches Treffen mit Freunden zuhause sein. Sie können Ihre Lieblingsmusik hören, einen lustigen oder spannenden Film anschauen oder ein Buch lesen. Sie können auch Sport machen, spazieren gehen, sich einfach Zeit für sich ganz allein nehmen oder Ihr Hobby ausüben. Ihnen fallen ganz sicher viele tolle Dinge ein, mit denen Sie sich im Alltag belohnen können.

Überlegen Sie sich morgens, was Sie sich an diesem Tag gönnen möchten, oder entscheiden Sie ganz spontan. Auch Spontanität ist ein Zeichen der Wertschätzung, denn sie bedeutet Freiheit.

Wenigstens einmal pro Monat sollten Sie sich etwas mehr gönnen, zum Beispiel einen ganzen Tag für Ihre Lieblingsbeschäftigung, ein Picknick im Grünen, einen Kinobesuch oder eine neue CD. Auch längerfristige Projekte, wie zum Beispiel ein Koch-, Sprach- oder Tanzkurs, sind gute Belohnungen, denn Sie zeigen sich damit, dass Sie an sich glauben und es sich wert sind, sich dauerhaft die Zeit für Ihre persönlichen Vorlieben zu nehmen.

Was auch immer Sie gern mögen, gönnen Sie sich Ihre eigene Aufmerksamkeit, und zwar ganz ohne besonderen Anlass – denn der besondere Anlass sind Sie selbst.

DAS HABE ICH IN DIESEM KAPITEL ÜBER MICH GELERNT

Schritt 3: Blockierende Gedanken & Gefühle überwinden

Kennen Sie das? Sie liegen an einem Sonntagnachmittag ganz entspannt auf Ihrer Terrasse oder Ihrem Balkon in der Sonne und möchten einfach nur den Moment genießen. Es ist warm, der Himmel ist blau, ein laues Lüftchen weht. Die Vögel zwitschern, ansonsten ist alles ruhig. Perfekte Erholung. Doch da, buchstäblich aus heiterem Himmel, kommen sie – dunkelgraue Wolken. Nicht am Himmel, sondern in Ihrem Kopf.

Sie können es sich nicht erklären, aber plötzlich denken Sie an Ihre/n Ex, daran, wie er/sie Ihre Hand hielt, Sie anlächelte, Sie anschrie, Sie verließ. Und mit den Gedanken kommen die Gefühle. Auf einmal fühlen Sie sich schlecht, obwohl gerade alles gut ist. Sie zweifeln an sich, fühlen sich unsicher, traurig, wütend und wertlos. Waren Sie schuld, dass Ihr/e Ex-Partner/in Sie verlassen hat? Sind Sie vielleicht einfach nicht gut genug? Nicht liebenswert? Oder haben Sie etwas falsch gemacht? Wenn ja, was? Können Sie die Beziehung vielleicht im Nachhinein reparieren, wenn Sie Ihren Fehler wieder gut machen?

Das Gedankenkarussell läuft und nimmt Fahrt auf. Vor Ihrem geistigen Auge spielt sich jede einzelne Szene Ihrer Partnerschaft nochmal ab. Sie fühlen alle Momente, die guten wie die schlechten, und alle verursachen Ihnen Schmerzen. Wenn Sie es waren, der/die sich getrennt hat, geht es Ihnen auch nicht besser. War es die richtige Entscheidung? Waren nicht vielleicht Sie der problematische Teil der Beziehung und haben Ihrem/Ihrer Ex-Partner/in mit der Trennung Unrecht getan? Hätten Sie etwas tun können oder müssen, um die Beziehung zu retten? Was macht Ihr/e Ex jetzt wohl? Wie geht es ihm/ ihr? Hat er/sie schon jemanden Neuen? Was, wenn Sie niemanden mehr finden? Oder zumindest niemanden, der Ihnen so guttut wie Ihr/e Ex? Haben Sie sich unglücklich gemacht? Müssen Sie für immer allein bleiben? Was dann wohl Ihre Eltern, Ihre Freunde und alle anderen Menschen von Ihnen denken...

Die Sonne scheint weiter. Die Vögel zwitschern auch weiter. Doch Sie nehmen es nicht mehr wahr. Der Tag vergeht. Ihre Gedanken kreisen. Ihre Erholung ist dahin. Irgendwann bemerken Sie das, aber das macht es nur noch schlimmer – jetzt ärgern Sie sich auch noch, dass Sie sich den schönen Tag verdorben haben. Morgen müssen Sie wieder arbeiten. Am nächsten Wochenende ist das Wetter bestimmt nicht so schön.

Durch Ihre Gedanken haben Sie sich um die einzige Chance auf einen wundervollen, erholsamen Nachmittag gebracht. Sie sind richtig wütend auf sich selbst. Verzweifelt versuchen Sie, die Gedanken wegzudrängen, aber das scheint sie nur noch stärker zu machen. Sie geraten immer tiefer in den negativen Sog. So verpassen Sie die schöne Ruhe, die Sie mit sich selbst haben könnten, und fühlen sich zunehmend grausig und wertlos.

Ihre Erinnerungen lassen Sie nicht los oder vielmehr: Sie lassen Ihre Erinnerungen nicht los. Sie halten fest an vergangenen Dingen und tragen diese immer weiter mit sich herum, sodass Sie die Gegenwart nicht unbeschwert genießen können. Dazu kommen Zukunftsängste, die Ihnen bereits im Hier und Jetzt den Mut nehmen, Ihr Leben positiv anzugehen. Das alles sind Ihre eigenen Gedanken. Keine unerklärliche, unheimliche Macht, die von Ihnen Besitz ergreift. Nur Ihr eigenes Gehirn. Sie könnten einfach leben, aber Sie legen sich in Ketten.

WARUM SIE SICH SELBST BLOCKIEREN

Die obige Geschichte ist nur ein Beispiel von unzähligen. Jeder hat seine eigenen Gedanken, die ihn quälen. Vielleicht sind Sie nicht getrennt, aber haben in Ihrer aktuellen Beziehung Schwierigkeiten, weil Sie zum Beispiel Kompromisse eingehen müssen, mit denen Sie unzufrieden sind. Oder Ihr/e Partner/in kritisiert Sie ständig, hat oft schlechte Laune, verlangt zu viel und/oder gibt zu wenig. Irgendetwas ist da sicher, das Ihnen Kopfzerbrechen bereitet und wodurch Sie sich klein fühlen.

Natürlich gibt es außer Beziehungen aber noch viele, viele andere Möglichkeiten, wie Sie sich durch Gedanken und Gefühle in Fesseln legen können. Stress im Job, Angst vor finanzieller Not, Streitigkeiten in der Familie oder im Freundeskreis, Ihre Gesundheit, Ihr Aussehen, Ihr gesellschaftlicher Status, die allgemeine Wirtschaftslage, der schiefe Blick der fremden alten Dame neulich im Supermarkt – Ihr Gehirn findet immer etwas, womit es Ihnen die Laune verhageln kann. Das meint es natürlich nicht böse, es speichert eben einfach alles fleißig ab. Gutes wie Schlechtes.

An das Schlechte kann man sich aber leider sehr viel besser erinnern. Das menschliche Gehirn hat nämlich einen Hang zum Schwarzsehen. Wenn Ihnen an einem Tag zehn positive Erlebnisse passieren und eine eigentlich unbedeutende negative Sache geschieht, erinnern Sie sich garantiert nur an diese eine Sache und verdrängen das ganze Gute. Diese Funktionsweise des Gehirns dient eigentlich dazu, dass wir aus unseren Fehlern lernen und Gefahren meiden, aber führt eben leider auch zu viel unnötigem Ballast.

Nicht nur durch negative Erinnerungen und Sorgen entsteht aber Ballast, sondern auch durch positive Ereignisse und Erwartungen. Alles, was Sie erleben, hoffen und befürchten, formt Ihr Denken und Handeln. Alles, was Sie wahrnehmen, hinterlässt einen Eindruck. Ob Sie ein Mensch zum Beispiel lobt oder auslacht, verursacht zwar unterschiedliche Gefühle, aber in jedem Fall verknüpfen Sie die Meinung der Person mit Ihrer Erscheinung oder Ihrem Verhalten.

Werden Sie ausgelacht, versuchen Sie, das zu vermeiden, wofür Sie ausgelacht werden. Werden Sie gelobt, verstärken bzw. wiederholen Sie die Eigenschaft oder die Handlung.

In beiden Fällen ist es egal, was Sie selbst von sich halten und was Sie tun möchten, denn das Feedback hat ein Gefühl bei Ihnen erzeugt, sodass sich die fremde Meinung bei Ihnen einprägt und Ihnen Ihre Freiheit nimmt. Mit jeder Erfahrung bewegen Sie sich daher im Laufe des Lebens weg von Ihrem eigenen Selbst und hin zu etwas, das Sie nie sein wollten – es sei denn, Sie lösen sich aus diesen Blockaden.

Was Sie bewusst erleben und fühlen, ist aber nur die Spitze des Eisbergs – oder anders gesagt nur ein Bruchteil der gesamten Wahrnehmungen Ihres Gehirns. Zwar werden Ihnen hierdurch viele schöne und neutrale Momente vermiest und Sie verlieren einiges an Energie.

Aber immerhin merken Sie, was in Ihnen vorgeht, und können sich (wenn Sie stark genug sind) bewusst entscheiden, nicht an das Negative zu glauben, das Sie da denken. Zum Beispiel können Sie sich direkt, wenn Sie Ihre Angst vor einer Trennung spüren, sagen: „Mein/e Partner/in und ich bleiben zusammen und selbst wenn wir uns trennen sollten, geht das Leben weiter." Das ist zugegebenermaßen oft schon schwer genug – vielleicht nicht, es sich zu sagen, aber daran zu glauben.

Viel problematischer sind jedoch die unzähligen Gedanken, die sich in Ihrem Unterbewusstsein abspielen. Hier ist nämlich alles gespeichert, was Sie jemals erlebt haben. Ihr Gehirn nimmt ständig Informationen aus Ihrer Umgebung und Ihnen selbst auf, ohne dass Sie es überhaupt bemerken, und stellt Verknüpfungen her, ohne dass Sie es wollen. Alle Wahrnehmungen und Schlussfolgerungen Ihres Gehirns tragen Sie immerzu mit sich herum und im Laufe Ihres Lebens wird dieser Rucksack immer schwerer.

Stellen Sie sich vor, Sie gehen mit einem leeren Rucksack auf Wanderschaft und hinter Ihnen legt immer wieder jemand Steine in den Rucksack. Irgendwann ist dieser so schwer, dass Sie nicht mehr weitergehen können und in die Knie gehen. Genau diesen Effekt haben all die Einflüsse und Erfahrungen, die Sie im Laufe Ihres Lebens sammeln, auf Ihr eigenes Ich. Es wird gelähmt und zu Boden gedrückt. In Ihrem Rucksack befinden sich bereits Eindrücke, die Sie als Ungeborenes im Mutterleib durch die Bauchdecken aufgenommen haben. Hat Ihre Mutter sich vor etwas erschreckt, war sie wütend, traurig oder fröhlich, haben auch Sie dieses Gefühl mitbekommen und mit den Geräuschen oder Worten verknüpft, die im selben Moment zu hören waren.

So kommen Sie bereits mit ein paar kleinen Steinen in Ihrem Rucksack auf die Welt. Dann geht alles ganz schnell – von überall kommen neue Steine hinzu. Einige sind wertvoll und Sie möchten sie nicht hergeben, weil es schöne Erinnerungen sind. Zum Beispiel ein Lächeln Ihrer Eltern, das erste Spielzeug, das erste selbstgemalte Bild, ein Nachmittag auf dem Spielplatz, schöne Momente mit guten Freunden und Ihrer Familie. Und doch sind es Steine, denn sie beeinflussen Sie.

Um zu Ihrem eigenen Selbst zu finden, müssen Sie sortieren: Welche Steine möchten Sie wirklich haben, weil sie Ihrem wahren Ich entsprechen und Sie – Ihre Seele – wirklich erfüllen, und welche behindern Ihr Vorankommen in Ihrem eigenen Dasein? Ein schöner Moment war vielleicht wirklich schön, auch für Ihre Seele. Aber es kann auch sein, dass er nur deshalb schön erschien, weil Sie sich so verhalten haben, wie andere es wollten. Wenn Sie Sie selbst waren, wurden Sie vielleicht gehänselt, ausgelacht, bestraft oder einfach nicht beachtet. Also haben Sie gelernt, sich anzupassen.

Das geht unbewusst schon als kleines Kind los. Die Normen, wie man (oder frau) sich zu verhalten hat, begegnen Ihnen von Baby an überall. Nehmen wir nur einmal das Beispiel der Kleidung. Für Mädchen gibt es Strampler in Rosa, mit Blümchen, Einhörnern oder „Hello Kitty", für Jungen hingegen in Blau, mit Superman, Autos oder Astronauten.

Beim Spielzeug geht es weiter – Jungen bekommen ferngesteuerte Autos geschenkt, Mädchen dafür Barbiepuppen. Schon im Kindergarten weiß jedes Kind, was „typisch Mädchen" und „typisch Junge" ist, und verhält sich entsprechend, weil das eben „normal" ist.

Einige wenige gibt es, die nicht mit dem Strom schwimmen – sie werden für ihr Selbstbewusstsein aber meist nicht bewundert, sondern ausgelacht und ausgegrenzt. In einer Gesellschaft, in der „normales" Verhalten so hoch gehandelt wird, fällt es dem eigenen Selbst schwer, standhaft zu bleiben und sich individuell zu entwickeln.

Ihr Gehirn lernt unentwegt und entwickelt daraus sein (Ihr) Denken, Fühlen und Verhalten. Da sind einerseits Ihre persönlichen Erlebnisse, Ihre körperlichen und psychischen Gefühle, Reaktionen Ihrer Mitmenschen auf Ihr Verhalten sowie die direkten Folgen Ihres Handelns (zum Beispiel, dass ein Glas zerbricht, wenn Sie es fallen lassen, und Sie dann Ärger mit Ihren Eltern bekommen). Zum anderen beobachten Sie ständig das Verhalten anderer Menschen und hören, was sie für richtig, falsch, erfreulich, besorgniserregend etc. halten.

Wenn diese Personen Vorbilder oder Bezugspersonen für Sie sind, eignen Sie sich besonders leicht deren Sichtweise und Verhalten an. Gleiches gilt, wenn Sie bemerken, dass die Mehrheit der Menschen, die Sie kennen, sich auf diese Art verhält bzw. dieses Denken hat. Auch einzelne, fremde Personen können Sie aber beeinflussen, indem sie Gefühle bei Ihnen auslösen, wie zum Beispiel Scham bei einer Hänselei durch einen Mitschüler oder Stolz beim Lob für eine Aufgabe, die Sie eigentlich nicht gern gemacht haben.

Nicht vergessen darf man zudem den Einfluss der Medien. Hier sehen Sie zum einen Idole, denen Sie nacheifern möchten, und bekommen vorgelebt, wie ein „perfekter“ Mensch zu sein hat. Andererseits gibt es auch viele negative Beispiele von „Versagern“ und etliche Klischees über Geschlechterrollen, Kulturen, Berufe und Diverses mehr.

AUS ERFAHRUNGEN WERDEN GLAUBENSSÄTZE

Alles, was Ihr Gehirn wahrnimmt, speichert es als Erfahrungen ab. Je intensivere Gefühle eine Erfahrung ausgelöst hat oder je öfter Sie sie machen, desto tiefer wird sie abgespeichert. Aus Erfahrungen entwickeln sich dann sogenannte Glaubenssätze – dies sind formelhafte Merksätze Ihres Gehirns, ungefähr wie 1 + 2 = 3. Sie denken, dieses oder jenes Verhalten löse diese oder jene Folge aus, gewisse Eigenschaften seien gut und andere schlecht und man sei nicht in Ordnung, wenn man nicht einen bestimmten Lebensweg geht. Solche Formeln bilden sich nicht bewusst, sondern automatisch im Unterbewusstsein, und gerade das macht sie tückisch. Sie formen nämlich Ihre Gedanken, Gefühle und Handlungen, ohne dass Sie es wissen. Sie denken, dass Sie von selbst so sein wollen oder eben so sein müssen.

In jedem Fall stellen Sie nicht infrage, dass Ihr (unwissentlich) fremdgesteuertes Verhalten richtig ist. Nur Ihre Seele weiß, wenn Sie anders handeln, als es ihr entspricht, und zeigt Ihnen dies durch körperliches Unwohlsein und psychische Unausgeglichenheit.

Um Ihrer Seele näherzukommen, müssen Sie Ihre falschen Glaubenssätze über Bord werfen, denn diese machen Sie zu einem Menschen, der Sie nicht wirklich sein möchten, behindern Ihre individuelle Entfaltung und verursachen Ihnen starken Stress. Zur Veranschaulichung noch ein paar Beispiele:

Sie haben in der Schule eine schlechte Klassenarbeit wiederbekommen. Eine sehr schlechte sogar. Ein paar Ihrer Mitschüler, die sowieso nicht viel von Ihnen halten, nutzen die Gelegenheit. Schnell sind Sie das Gespött der ganzen Klasse. Zuhause gibt es auch noch eine Standpauke. „Hast du denn nicht ordentlich gelernt? So etwas wollen wir nicht nochmal sehen! Streng dich mehr an! Es geht um deine Zukunft!“ Vor der nächsten Arbeit sind Sie sehr nervös, denn Sie haben Angst, wieder zu versagen. Sie fühlen sich bereits als Versager, aber strengen sich noch an. Vergeblich. Denn Sie machen sich zu viel Druck. Wieder eine Fünf. Wieder Spott und Ärger. Und so geht es weiter. Sie haben die Glaubenssätze entwickelt „Ich bin dumm" und „Ich kann es eh nicht schaffen". So verbauen Sie sich einen guten Schulabschluss und damit eine gute Ausbildung und tragen immer das Gefühl mit sich herum, ein Versager zu sein. Daher bemühen Sie sich weder beruflich noch privat um das, was Sie sich eigentlich wünschen – Sie glauben, dass Sie dafür nicht gut genug sind.

Eine weitere Geschichte: Sie führen eine glückliche Beziehung. Vermeintlich jedenfalls. Eines Tages sehen Sie zufällig eine Nachricht auf dem Handy Ihres Partners/Ihrer Partnerin. „Es war ein wunderschöner Abend. Freue mich darauf, dich wiederzusehen. Kuss" Sie stellen Ihre/n Partner/in zur Rede und er/sie gibt es zu. Sie wurden betrogen. Und zu allem Überfluss hat Ihr/e Partner/in auch noch „ernste Absichten" mit dem/der anderen. Es folgt die Trennung. Sie fühlen sich schlecht. Nicht nur, dass Sie jetzt allein sind – Sie sind es anscheinend nicht wert, dass jemand Sie ehrlich liebt und Ihnen treu ist. Sie möchten nie wieder jemanden kennenlernen, haben das Vertrauen ins andere Geschlecht verloren. „Ich bin nicht in der Lage, eine intakte Beziehung zu führen", „Männern/ Frauen kann man nicht trauen" und „Ich bin nicht gut genug, um eine/n tolle/n Partner/in zu finden" sind die Glaubenssätze, die Sie ab jetzt begleiten. Aber Ihr/e beste/r Freund/in überredet Sie, doch wieder unter Leute zu gehen.

Bald lernen Sie jemanden kennen, der Ihnen wirklich gut gefällt. Plötzlich haben Sie wieder eine Beziehung, obwohl Sie das doch nicht wollten. Eigentlich könnten Sie glücklich sein. Aber die Selbstzweifel und das Misstrauen bleiben. Sie können sich nicht zu hundert Prozent auf Ihre/n neue/n Partner/in einlassen. Er/sie hat Sie schon gefragt, ob Sie ihn/sie wirklich lieben und es ernst meinen, da Sie so zurückhaltend wirken. „Klar!", haben Sie geantwortet, aber geglaubt haben Sie es sich selbst nicht. Von Ihrer Erfahrung haben Sie nichts erzählt, das wäre Ihnen zu peinlich. Mit Ihrer Zurückhaltung nicht genug, beginnen Sie auch noch, Ihrem/Ihrer Partner/in nachzuspionieren. Sie lesen seine/ihre Nachrichten, erkundigen sich haarklein, wo er/sie war, und fragen sogar seine/ihre Freunde aus. Das geht natürlich nicht lange gut. Dass sich Ihr/e

Partner/in daraufhin von Ihnen trennt, ist für Sie ein erneuter Beweis, dass Sie es nicht wert sind, geliebt zu werden. Und so geht es weiter, bis Sie irgendwann jegliches Selbstbewusstsein verloren haben und nur noch aus Eifersucht bestehen.

Auch neutrale Erlebnisse können aber zu blockierenden Glaubenssätzen führen, wie man an diesem Beispiel sieht: Sie kommen hinzu, als Ihre Tochter eine Daily Soap sieht. Eigentlich mögen Sie solche Formate nicht, aber Sie bleiben einen Moment und schauen mit. Es geht um eine junge Frau, die „zu wenig aus sich macht".

Mit anderen Worten: Sie ist hübsch und hat eine gute Figur, aber sie trägt immer „Schlabberklamotten" und macht sich keine besonderen Frisuren. Von ihren Freunden wird sie ermutigt, doch mal „hippe" Kleidung zu tragen und sich eine „coole" Frisur machen zu lassen. Prompt ist sie beliebt und ihr Schwarm verliebt sich in sie. Irgendwie schaut Ihre Tochter Sie die ganze Zeit komisch an. Sie ist eine von denen mit den hippen Klamotten und coolen Frisuren.

Im Gegensatz zu Ihnen. Sie mögen es gern bequem und halten nichts davon, andauernd zum Frisör zu laufen und stundenlang vor dem Spiegel zu stehen. Es kommt, was kommen muss: „Na, wollen wir das nicht auch mal mit dir versuchen?", fragt Ihre Tochter mit einem halb ermunternden, halb spöttischen Grinsen. Sie winken ab. Doch der Eindruck bleibt. Heimlich stellen Sie sich vor den Spiegel und sehen sich plötzlich ganz anders. In den nächsten Tagen kaufen Sie sich ein paar neue Kleidungsstücke (natürlich mit Beratung des jungen Verkäufers, der hippe Kleidung und eine coole Frisur trägt) und lassen sich beim Frisör die Haare umstylen (natürlich ebenfalls mit Beratung).

Ihre Tochter ist begeistert. Sie fühlen sich komisch, doch Sie reden sich ein „Es ist wichtig, mit der Mode zu gehen" und „Ich muss mich anpassen, um anderen zu gefallen". Nach diesen Glaubenssätzen verläuft Ihr weiteres Leben und Sie machen sich fortan viel Stress, um sich zu verkleiden.

Sogar positive Erfahrungen können Sie blockieren, so, wie in diesem Fall: Sie möchten eine Party veranstalten, anlässlich eines runden Geburtstags. Alles ist geplant und es haben alle Eingeladenen zugesagt. Getränke haben Sie reichlich eingekauft. Für das Essen haben Sie einen Catering-Service bestellt. Man gönnt sich ja sonst nichts. Kochen oder in anderer Form als Tiefkühlpizza Nahrung zuzubereiten, macht Ihnen nämlich gar keinen Spaß. Schon gar nicht in dieser Menge. Einen Tag vor der Party ruft der Catering-Service an. Aus betrieblichen Gründen ist es leider nicht möglich, Ihren Auftrag einzuhalten. Da stehen Sie nun, vom Donner gerührt.

Nach einem Moment der Verzweiflung ringen Sie sich dazu durch, ausnahmsweise doch selbst die Speisen zuzubereiten. Absagen möchten Sie nicht, so schnell finden Sie keinen anderen Partyservice und die Gäste zu bitten, selbst etwas mitzubringen, wäre Ihnen zu peinlich. Also suchen Sie ein paar einfache Rezepte heraus, kaufen ein und stehen eineinhalb Tage in der Küche. Es hat sich gelohnt – die Gäste sind begeistert von dem Essen. Sie möchten unbedingt die Nummer des Catering-Services haben. Als Sie daraufhin gestehen, dass Sie alles selbst zubereitet haben, können Ihre Gäste es kaum glauben. Zum Beweis zeigen Sie ihnen die Küche, die wie ein Schlachtfeld aussieht. Alle schauen Sie mit großen Augen an. „Das wussten wir ja gar nicht, dass du so toll kochen kannst! Und die Salate! Und der Nachtisch! So etwas Leckeres haben wir noch nie gegessen!" Sie fühlen sich geschmeichelt und stolz, aber irgendwie auch merkwürdig. Spaß gemacht hat Ihnen die Zubereitung nicht. Aber es wird ja wohl das einzige Mal gewesen sein... Bald folgen weitere Partys – manche Ihrer Freunde haben Geburtstag, ein Hochzeitstag steht an und auch Spieleabende finden statt.

Und jedes Mal fragt Sie jemand: „Könntest du nicht vielleicht etwas Leckeres zu essen mitbringen? Du kannst das doch so gut!" Sie schaffen es nicht, die Bitten abzuschlagen. Sie möchten niemanden enttäuschen und irgendwie ist es doch ein gutes Gefühl, so anerkannt zu werden. In Ihrem Kopf formen sich die Überzeugungen „Ich kann kochen, also muss ich kochen" und „Durch mein Essen bin ich beliebt". Also haben Sie ein neues Hobby. Eines, das Ihnen keinen Spaß macht...

Am Anfang jedes Glaubenssatzes steht immer ein kleines, meist sogar in Bezug auf Ihr gesamtes Leben ziemlich unbedeutendes Ereignis. Dieses speichern Sie ab und schlussfolgern daraus etwas, das fortan Ihr Denken und Fühlen beeinflusst. Durch die Gedanken und Gefühle verhalten Sie sich anders, als Sie es normalerweise täten, und provozieren dadurch oft genau das, was Sie vermeiden wollen. Das nennt man dann in der Psychologie eine selbsterfüllende

Prophezeiung. Ein Grund mehr, Ihre falschen Glaubenssätze schnell zu entlarven und sich von ihnen loszusagen.

Was können Sie nun aber tun, um Ihre blockierenden Gedanken und Gefühle loszuwerden?

IDENTIFIZIEREN & SORTIEREN

Zunächst einmal müssen Sie Ihre blockierenden Glaubenssätze identifizieren. Man kann nur gegen etwas vorgehen, das einem bekannt ist. Bei Ihren bewussten Gedanken ist das vergleichsweise einfach (dazu im Anschluss), bei den im Unterbewusstsein gespeicherten Glaubenssätzen erfordert es etwas mehr Arbeit. In beiden Fällen hilft Ihnen Achtsamkeit. Sie haben bereits gelernt, sich auf etwas Bestimmtes ganz genau zu konzentrieren und es mit allen Einzelheiten wahrzunehmen.

Nutzen Sie diese Fähigkeit jetzt, um Ihre Gedanken- und Gefühlswelt unter die Lupe zu nehmen. Sie benötigen dafür ein Notizbuch, einen Stift und ein wenig Geduld. Seien Sie ab sofort immer mit voller Aufmerksamkeit bei dem, was Sie tun und erleben. Denn Sie sollen beobachten, was Sie in verschiedenen Situationen denken und fühlen und wie Sie reagieren. Wenn möglich, schreiben Sie direkt auf, was Sie bemerken; ansonsten betrachten Sie am Abend Ihren Tag rückblickend. Das Ziel ist, zu erkennen, wie Ihre Gedanken, Gefühle und Verhaltensweisen zusammenhängen und inwiefern Sie sich selbst blockieren. Zum Beispiel könnte ein Eintrag so aussehen:

Situation: Ich bin mit Freunden zum Essen verabredet.

Gedanken: Was soll ich anziehen? Die weiße Hose, die ich so mag? Aber darin wirke ich dick. Und was, wenn ich mich bekleckere? Ich möchte nicht zum Gespött werden. Am besten etwas Dunkles. Eigentlich mag ich dunkle Farben nicht, aber darin wirke ich eleganter und man sieht Flecken nicht so leicht. Ach du Schreck, wie sehen denn meine Haare wieder aus... Na ja, dann gibt es wenigstens etwas anderes zum Lachen als die Hose... Hoffentlich fragt keiner, wie es bei mir in der Liebe läuft. Aber bestimmt fragt jemand. Irgendwer fragt immer. Und dann muss ich wieder etwas erfinden. Oder die mitleidigen Blicke in

Kauf nehmen. Die bekomme ich wahrscheinlich auch schon, weil ich wieder nur einen Salat bestelle. Wahrscheinlich denken die einen, dass ich abnehmen will, und die anderen, dass ich knapp bei Kasse bin. Beides stimmt ja irgendwie auch, aber müssen die das unbedingt merken...? Oh je, jetzt komme ich auch noch zu spät. Na, das wird ja ein super Abend werden...

Gefühle: Scham, Minderwertigkeit, Peinlichkeit, Angst, Verzweiflung, Unzufriedenheit

Verhalten: Gestresstes Umherlaufen, mehrfach die Kleider wechseln, verzweifelte Frisierversuche, Lügen in Bezug auf Liebesleben, Bestellen eines teuren Drei-Gänge-Menüs (mit anschließendem Magendrücken und Loch im Geldbeutel)

Als Nächstes stellen Sie nun einen Zusammenhang zwischen Ihren Gedanken, Gefühlen und Verhaltensweisen her.

Zum Beispiel: *Ich denke, dass ich wegen meines Aussehens nicht gemocht werde. Deswegen schäme ich mich und fühle mich minderwertig, sodass ich versuche, mein Aussehen zu verändern.*

Auf diese Art erkennen Sie, wie Ihre eigenen Gedanken Ihnen negative Gefühle verursachen und Ihre Freiheit beeinträchtigen.

Nun reduzieren Sie Ihre Gedanken auf eine knappe, treffende Aussage – die jeweiligen Glaubenssätze. In diesem Fall könnten sie lauten:

Ich bin zu dick. Ich habe nicht genug Geld. Ich bin unattraktiv. Ich bin ungeschickt. Ich muss den anderen gefallen. Ich bin nicht gut genug für die anderen. Eine Beziehung ist nötig, um etwas wert zu sein.

Jetzt haben Sie einiges aus Ihrem Inneren hervorgeholt. Nicht alles ist natürlich negativ oder blockierend – daher geht es jetzt darum, die Steine in Ihrem Rucksack zu sortieren. Welche Gedanken bereiten Ihnen schlechte Gefühle? Durch welche Gedanken verhalten Sie sich in einer Weise, dass Sie sich unwohl, unecht oder unausgeglichen fühlen? Durch welche Verhaltensweisen schaden Sie sich vielleicht sogar (zum Beispiel, indem Sie aus Angst vor negativer Bewertung durch andere zu wenig essen) oder stehen sich selbst im Weg (beispielsweise, indem Sie sich nichts zutrauen)?

NEUES DENKEN ENTWICKELN

Anschließend geht es nun daran, diese belastenden Steine loszuwerden, damit Sie sich frei bewegen können. Leider geht das nicht mit einem Fingerschnippen und auch Wegschieben funktioniert nicht. Sie müssen vielmehr entgegengesetzte Gedanken entwickeln. Denn Denkstrukturen entstehen nur durch Denken – das heißt, auch wenn Sie denken, dass Sie etwas nicht denken wollen, denken Sie es immer noch.

Ihre Glaubenssätze haben sich über viele Jahre gefestigt und bestimmen längst Ihr Verhalten und Ihre Gefühlswelt, denn Sie haben sie gut trainiert. Jedes Mal, wenn Sie bewusst oder unbewusst einen Gedanken haben, wird dieser stärker, so, wie Ihre Muskeln beim Sport. Genauso, wie die Muskeln ohne Training nach und nach erschlaffen, können Sie aber auch Ihre blockierenden Gedanken verkümmern lassen, indem Sie sie nicht mehr benutzen. Ganz so einfach wie mit den Muskeln ist es aber dann doch nicht, denn Gedanken sind von selbst aktiv, und zwar umso öfter und intensiver, je länger und tiefer Sie sie gespeichert haben. Deshalb ist das Gegenandenken so wichtig.

Nur, wenn Sie neue Gedanken entwickeln und aktiv benutzen, die im Gegensatz zu Ihren blockierenden Glaubenssätzen stehen, können Sie Ihre Denkstrukturen verändern. Das Gehirn denkt nämlich immer und Sie müssen ihm beibringen, das Richtige zu denken. Damit Ihr Gehirn Ihr neues, erwünschtes Denken lernt, gibt es verschiedene Methoden. Es ist dafür zum Glück nicht notwendig, dass Sie in Ihrer Vergangenheit graben und herausfinden, wie Ihre inneren Blockaden entstanden sind. Die Bearbeitung kann allein im Hier und Jetzt erfolgen.

Positive Glaubenssätze dank Affirmationen

Das Wort „Affirmation" kommt aus dem Lateinischen („affirmare") und bedeutet „bestätigen". Bei Affirmationen handelt es sich um neue Glaubenssätze, die Sie sich durch Wiederholung einprägen und sich somit Ihre neue, erwünschte Selbstsicht bestätigen. Ihre Affirmationen sollen genau das Gegenteil Ihrer bisherigen, blockierenden Glaubenssätze aussagen, um diese löschen zu können.

Haben Sie also zum Beispiel den Glaubenssatz „Ich bin allein hilflos", könnte Ihre entgegengesetzte Affirmation lauten „Ich bin in der Lage, für mich selbst zu sorgen". Dem Glaubenssatz „Ich muss schlank sein, um gemocht zu werden" könnten Sie „Ich bin liebenswert, egal, was ich wiege" als Affirmation entgegensetzen. Für die **Formulierung von Affirmationen** gibt es einige **Regeln**, die Sie einhalten sollten, damit sie zuverlässig funktionieren:

- **Wählen Sie einprägsame, klare Worte und möglichst kurze Sätze.** So konzentrieren Sie sich auf das, worauf es ankommt. Ein Satz wie „Ich bin überzeugt davon, dass ich nächstes Jahr meinen Studienabschluss schaffe und dann direkt eine gute Arbeit finde" wäre viel zu lang und mit unnötigen Details ausgeschmückt. Gut wäre hingegen „Ich bestehe meine Abschlussprüfung" und als zweiten Satz „Ich finde schnell eine gute Arbeit".

- **Formulieren Sie die Affirmationen so, als ob sie Realität wären, nicht als Wunsch oder Bitte.** Falsch wäre also zum Beispiel „Ich möchte einen Partner finden" oder „Ich hoffe, einen Partner zu finden". Richtig wäre „Ich finde einen Partner". Wichtig ist dabei auch die Formulierung in der Gegenwart, denn nur dadurch kann in Ihnen der Glaube daran entstehen, dass es die Wahrheit ist. Auch „Ich werde einen Partner finden" wäre also falsch, da es in der Zukunft formuliert ist.

- **Verwenden Sie keine Verneinungen (nicht, kein, nie etc.).** Man sagt, das Universum hört keine Verneinungen, sodass zum Beispiel „Ich will nicht krank sein" und „Ich will krank sein" dieselbe Bedeutung haben. Formulieren Sie Ihre Affirmationen daher immer auf positive Art und vermeiden Sie es, Wörter zu benutzen, die Sie mit etwas Negativem verbinden. Ansonsten ziehen Sie genau das an, was Sie nicht wollen – allein schon dadurch, dass Sie durch die Verwendung des Wortes daran denken. Statt „Ich bin nicht hässlich" müssten Sie also sagen „Ich bin schön", anstelle von „Ich habe keine Angst" formulieren Sie „Ich bin mutig" und so weiter.

- **Vermeiden Sie Mehrdeutigkeiten.** Schlecht wäre zum Beispiel die gern gewählte Floskel „Alles wird gut", denn sowohl „alles" als auch „gut" sind zu schwammig. Sie müssen genau definieren, was gut werden und wie dieses „gut" aussehen soll. Beispielsweise können Sie sagen „Ich bin erfolgreich im Beruf" oder „Ich tue das, was mir Spaß macht".

• **Wiederholen Sie jeweils eine Affirmation fünfmal nacheinander mindestens dreimal täglich über mehrere Tage**. Besonders gut ist es, wenn Sie sich Ihre Affirmationen direkt vor dem Schlafengehen und nach dem Aufstehen sagen. Sie können sie auch aufschreiben und an verschiedene Orte in Ihrer Wohnung (oder Ihrem Auto oder Büro) kleben, sodass Sie immer wieder darauf aufmerksam werden. Zusätzlich sollten Sie sich immer, wenn Sie merken, dass ein blockierender Gedanke in Ihnen aufkommt, die betreffende gegenteilige Affirmation sagen.

• **Sagen Sie die Affirmationen nicht nur vor sich hin, sondern fühlen Sie sie, lassen Sie sich darauf ein und glauben Sie daran.** Das ist ganz wichtig, damit die Methode funktioniert. Viele Menschen sprechen oder lesen zwar ihre Affirmationen, aber nehmen sie nicht in sich auf und wundern sich dann, warum sie nicht wirken. Konzentrieren Sie sich voll und ganz auf den jeweiligen Satz und stellen Sie sich vor, wie er den Weg in Ihr Gehirn und Ihr Herz nimmt und sich dort bequem niederlässt. Fühlen Sie ihn und heißen Sie ihn in sich willkommen. Verfahren Sie mehrfach so, wird er bald von selbst bleiben und Sie stärken.

Tschüss, negative Gedanken!

Bei den Gedankenwolken, die einfach so über Sie kommen, ist das Vorgehen ein klein wenig anders. Wegschieben funktioniert auch hier nicht, aber da Sie bewusst an etwas denken, können Sie aktiv an etwas anderes denken. Dies ist eine gute Erste-Hilfe-Maßnahme, um zum Beispiel Ihren Sonntagnachmittag zu retten.

Wenn Sie jedes Mal so verfahren, lassen Sie die unerwünschten Denkstrukturen dadurch ebenfalls schrumpfen, da Sie sich nicht mit ihnen beschäftigen. Wichtig ist, dass Sie nicht versuchen, mit den Gedanken zu kämpfen, denn dadurch stärken Sie diese.

Beachten Sie sie gar nicht, lassen Sie sich weder positiv noch negativ auf sie ein. Stattdessen denken Sie an etwas, das Sie ablenkt. Etwas, das Sie interessiert und Sie aufheitert. Eine gute Möglichkeit ist auch, sich aktiv mit einer Tätigkeit zu beschäftigen, zum Beispiel aufzuräumen, Blumen zu pflanzen, die Landschaft zu fotografieren, Sport zu machen, ein Buch zu lesen oder mit einem „Lieblingsmenschen" zu reden und gemeinsam zu lachen.

Für Ihre Selbstfindung ist es aber auch wichtig, Ihre **Gedanken und Gefühle zu hinterfragen**:

- Warum denken Sie an diesen Menschen oder diese Situation?
- Warum empfinden Sie bei diesen Gedanken Kummer, Angst, Sorge, Wut oder Ähnliches?

Bringen Sie Ihre Gedanken und Gefühle wiederum zu Papier. Das verschafft Ihnen einen Überblick und verhilft Ihnen zu mehr Abstand. Sie beschäftigen sich dann rational, mit dem Verstand, mit Ihren inneren Fesseln, sodass Sie sich bereits daraus lösen. Analysieren Sie, was in Ihnen vorgeht. Jedes Festhängen an der Vergangenheit, jede Sorge über die Zukunft hat einen Grund. Zumeist liegt dieser in Selbstzweifeln, Unsicherheit oder Minderwertigkeitsgefühlen.

Betrachten wir zum Beispiel den Fall, dass Sie sich Sorgen machen, im Job nicht genug Leistung zu bringen. Warum denken Sie darüber nach? Weil Sie Angst haben, den Anforderungen anderer (in diesem Fall Ihres Chefs oder Ihrer Auftraggeber) nicht gerecht zu werden. Das bedeutet, Sie zweifeln an Ihren Fähigkeiten. Warum? Haben Sie tatsächlich einen Job, der Ihre Kompetenzen übersteigt?

Dann sollten Sie nach einer Lösung suchen, zum Beispiel, indem Sie eine Weiterbildung machen oder sich nach einem besser geeigneten Job umschauen, aber nicht sinnlos und unproduktiv trübe Gedanken wälzen. Wahrscheinlich kommen Sie aber zu dem Schluss, dass Sie im Großen und Ganzen mit Ihrer Arbeit gut klarkommen (Schwierigkeiten hat jeder mal). Also warum die Sorgen? Weil Sie denken, dass Sie perfekt sein müssen, oder zu wenig Zutrauen in Ihre Fähigkeiten haben.

Hinzu kommt, dass Sie sich auf diesen einen Job angewiesen fühlen. Sie haben Angst, entlassen zu werden, keinen neuen Job zu finden und in eine finanzielle Notlage zu geraten. Und warum haben Sie diese Ängste? Wiederum weil Sie nicht genügend Selbstvertrauen haben. Natürlich kann es sein, dass Sie

Ihren Job bzw. Ihre Aufträge verlieren. Das kann immer sein. Vielleicht machen Sie einen groben Fehler, vielleicht geht Ihr Arbeitgeber pleite oder es kommt eine Wirtschaftskrise. Das wissen Sie nicht. Aber wie wahrscheinlich ist das? Und selbst wenn, wie wahrscheinlich ist es, dass Sie dann wirklich dauerhaft in Arbeitslosigkeit und finanzielle Not geraten?

Wenn Sie Ihre Stärken einsetzen und lösungsorientiert denken, finden Sie sicher einen guten Weg. Und selbst wenn nicht, geht Ihr Leben weiter.

Das Leben hängt nicht an Geld, Status, Ansehen, Arbeit oder sonstigen äußeren Dingen. Sie bleiben Sie selbst und wertvoll, egal, was passiert. Ihre Seele ist immer bei Ihnen. Wenn Sie auf sie hören und mit ihr im Einklang leben, haben Sie nichts zu befürchten.

Und was noch ganz wichtig ist: Das Leben findet im Hier und Jetzt statt. Nicht in der Vergangenheit und nicht in der Zukunft. Was geschehen ist, ist geschehen, und was kommt, wissen Sie nicht. Nur in der Gegenwart leben Sie, und das ist immer nur der winzige Moment, in dem Sie „jetzt" sagen können. Warum vermiesen Sie sich dieses Jetzt durch Gedanken an Dinge, die Sie nicht ändern können oder die möglicherweise eintreten könnten (oder auch nicht)?

Weil Sie in falschen Glaubenssätzen festhängen, in Sätzen wie „Man muss einen guten Job haben, um beliebt zu sein", „Man muss viel Geld verdienen, um ein gutes Leben zu führen", „Ich muss allen alles recht machen", „Ich bin nicht gut genug" und dergleichen. Also: Weg mit diesen Sätzen! Diese halten Sie auf und nehmen Ihnen viele Momente des Lebens weg. Wie Sie sie loswerden, haben Sie ja schon im vorigen Unterkapitel gelesen.

Blockierenden Gefühlen den Laufpass geben

Auch wenn Ihre Gefühle durch Ihre Gedanken ausgelöst werden, ist es sinnvoll, sie zusätzlich extra zu bearbeiten. Denn nicht nur Gedanken lösen Gefühle aus, sondern Gefühle führen wiederum zu Gedanken, sodass Ihr Gefühls-Ballast möglicherweise Ihre gedankliche Arbeit immer wieder zunichtemacht oder zumindest behindert. Auch hierfür gibt es hilfreiche Mittel und Wege. Als Erstes müssen Sie Ihre unerwünschten, blockierenden Gefühle identifizieren und benennen, worauf sie sich beziehen. Zum Beispiel „Angst vor dem

Verlassenwerden", „Angst vor negativer Kritik", „Wut auf XY", „Sorge um meine Gesundheit", „Überforderung bei der Arbeit", „Wunsch nach Anerkennung", „Angst vor dem Versagen", „Unzufriedenheit mit meinem Aussehen", „Scham für meinen Dialekt".

Dann haben Sie verschiedene Möglichkeiten, sich von ihnen zu trennen. Sie können je ein Gefühl auf einen Zettel schreiben, diesen in kleine Stückchen zerreißen und in den Restmüll entsorgen. Sie können die Gefühle auch mit einem Stock in Sand oder Erde schreiben (am besten nicht bei Ihnen zuhause) und die Schrift mit dem Schuh verwischen. Am Strand können Sie sie sogar von den Wellen wegwaschen lassen.

Auch eine rein geistige Bearbeitung ist möglich. Stellen Sie sich zum Beispiel vor, wie Sie Ihr Gefühl auf ein Stück Holz schreiben, dieses auf einen Fluss legen und davontreiben lassen. Oder Sie schreiben es mit den Augen in den Himmel und lassen es in immer weitere Ferne ziehen, bis es am Horizont verschwindet.

NLP-Methoden gegen innere Blockaden

Gute Übungen bietet auch das NLP. Dies steht für Neuro-Linguistisches Programmieren und wird unter anderem in der Psychologie eingesetzt. Die Übungen bestehen teils aus Bild-, Wort- und Verhaltenstechniken.

Zum Beispiel diese: Schließen Sie die Augen und stellen Sie sich ein Bild von sich in einer Situation vor, in der Sie sich unwohl fühlen. Dann lassen Sie es immer blasser werden, bis nichts mehr zu erkennen ist.

Zur Probe, ob es funktioniert hat, stellen Sie sich danach wieder das Bild von sich in der betreffenden Situation vor. Wie fühlen Sie sich dabei? Lässt es Sie kalt, hat die Übung bereits gewirkt. Ansonsten wiederholen Sie sie noch weitere Male.

Auch der „**Anker**" ist eine gute Übung aus dem NLP. Hierbei verbinden Sie eine bestimmte Sache oder eine Körperstelle von sich mit einem positiven Gefühl. Wenn Sie in negative Gedanken oder Ihre alten Verhaltensmuster verfallen, brauchen Sie dann einfach nur auf diese Sache oder Stelle zu schauen oder sie zu berühren, um sich davon abzuhalten.

Zur Vorbereitung suchen Sie sich etwas aus, das Sie immer bei sich tragen. Am einfachsten ist eine Körperstelle, wie zum Beispiel Ihr Handgelenk oder Ihr linkes Ohr, aber es kann auch zum Beispiel ein Ring oder ein Armband sein (bitte nicht Ihr Handy, da dieses ein Stressfaktor ist). Schauen Sie das Objekt dann intensiv an oder berühren Sie es mit Ihren Fingern und denken Sie dabei konzentriert an etwas Schönes oder Lustiges. Wiederholen Sie den Vorgang ein paarmal. Dann denken Sie an etwas Negatives und probieren Ihren Anker aus (schauen ihn an oder berühren ihn). Funktioniert er, verschwinden die negativen Gedanken und Sie fühlen sich gut. Falls er noch nicht funktioniert, wiederholen Sie die Übung mehrfach und testen erneut. Sobald der Anker wirkt, können Sie ihn jederzeit einsetzen.

Eine gute Methode gegen Selbstzweifel, Ängste und Sorgen sind außerdem **Visualisierungen**. Hierbei stellen Sie sich das Gegenteil Ihrer Befürchtungen vor. Haben Sie zum Beispiel Angst vor einem Vortrag, stellen Sie sich vor, wie Sie diesen souverän meistern und Ihre Zuhörer begeistert sind. Sorgen Sie sich um Ihre berufliche Zukunft, lassen Sie vor Ihrem geistigen Auge ein Bild (bzw. einen Film) von sich erscheinen, wie Sie im Job Ihrer Wahl zufrieden und leistungsstark arbeiten. Haben Sie Angst, allein Ihr Leben nicht auf die Reihe zu bekommen, stellen Sie sich vor, wie Sie alltägliche und schwierige Situationen mit Leichtigkeit ohne Hilfe bewältigen und dabei glücklich sind.

Energieverbindungen zu anderen Menschen lösen

Oftmals entstehen Ihre blockierenden Gedanken und Gefühle durch andere Menschen. Menschen, die Ihnen absichtlich Ihr Selbst nehmen wollen, aber auch solche, die es einfach nicht besser wissen, und insbesondere auch Personen, mit denen Sie eine emotionale Verbindung hatten oder haben. Wie in dem oben beschriebenen Beispiel bleiben besonders Ex-Partner/innen mit Ihnen verbunden, aber auch mit Freunden, Familienmitgliedern, Kollegen, Ihrem Chef, Nachbarn, dem Kassierer im Supermarkt oder einer fremden Person in der Bahn besteht eine Verbindung, die Sie blockieren kann. Bei jedem Zusammentreffen zweier Menschen verknüpfen sich diese durch sogenannte Energieschnüre, ein unsichtbares Band, das wechselseitigen Einfluss hat. Nun stellen Sie sich einmal vor, mit wie vielen Schnüren Sie herumlaufen – kein Wunder, dass sich Ihr Selbst nicht frei bewegen kann. Es kommt dabei nicht darauf an, ob die

Verbindung „gut“ oder „schlecht“ ist – vielmehr ist auch eine gute Verbindung schlecht für Ihr Selbst, denn sie beeinflusst Sie. Von „guten“ Verbindungen, die in der Gegenwart und Zukunft fortbestehen sollen, möchten Sie sich natürlich nicht trennen. Das sollen Sie auch nicht. Für diese Fälle genügen andere Übungen, um sich von den blockierenden Einflüssen freizumachen. Aber was wollen Sie mit all dem Ballast aus negativen Begegnungen und schmerzhaften Erinnerungen? Sie haben nichts davon, außer schlechter Energie.

Gehen Sie jetzt einmal in sich, ganz in Ruhe, ungestört und mit geschlossenen Augen. Lassen Sie wahllos Personen vor Ihrem geistigen Auge erscheinen, die Sie kennen. Flüchtige Begegnungen spielen meist keine große Rolle, da in so einem Fall nur ein sehr dünnes Energieband entsteht, das ohnehin im Regelfall von selbst bald wieder zerfällt. Sind Gefühle irgendeiner Art im Spiel, wird das Band aber schon stärker. Je öfter Sie mit einem Menschen zu tun haben und/oder je näher Sie ihm stehen, desto dicker und fester ist die Energieschnur. So eine intensive Verbindung hat Bestand.

Sortieren Sie jetzt die Personen, die Sie im Inneren sehen, in „Will ich behalten“ und „Will ich loswerden“. Merken Sie sich, wen Sie loswerden wollen. Idealerweise sollten Sie nur Menschen, die aktuell noch zu Ihrem Leben gehören und die Ihnen guttun, behalten wollen. Aber natürlich ist das Ihre eigene Entscheidung. Die Personen, von denen Sie sich lösen möchten, lassen Sie nun einzeln vor sich erscheinen, in ein paar Metern Entfernung. Stellen Sie sich das Energieband zwischen Ihnen sichtbar vor. Je nachdem, wie dick es ist, wählen Sie (immer noch im Geiste) ein passendes Werkzeug aus, um es zu durchtrennen (zum Beispiel eine Haushaltsschere, ein Messer, eine Astschere oder eine Säge). Nachdem Sie das Band durchtrennt haben, werden Sie sehen, dass der betreffende Mensch vor Ihrem geistigen Auge verschwunden ist. Atmen Sie tief durch und spüren Sie Ihre Freiheit zunächst noch mit geschlossenen Augen, dann eine Weile mit offenen Augen ruhig verharrend.

So verfahren Sie mit allen Menschen, von denen Sie sich lösen wollen. Wenn Sie diesen Personen immer wieder begegnen, empfiehlt es sich, die Übung von Zeit zu Zeit zu wiederholen. Alternativ dazu können Sie sich bei derartigen Begegnungen vorstellen, dass Sie von einer hellen Schutzhülle umgeben sind, an der die Energie der anderen einfach abprallt.

DAS HABE ICH IN DIESEM KAPITEL ÜBER MICH GELERNT

Schritt 4: Die eigenen Wünsche und Träume wiederentdecken

Nun sind Sie Ihrem Selbst schon ein ganzes Stück nähergekommen – Sie sind frei von emotionalem Ballast und gedanklichen Blockaden. Oder Sie haben zumindest begonnen, sich davon zu befreien. Aber um sich wirklich selbst zu finden, reicht das noch nicht aus. Stellen Sie sich vor, Sie sitzen in einem Auto, haben gerade die Handbremse gelöst und den Zündschlüssel herumgedreht. Sie sind bereit, loszufahren, aber es bewegt sich noch nichts.

Damit es wirklich losgeht, müssen Sie Gas geben – und wissen, wohin Sie fahren wollen. „Nicht dorthin" oder „Nicht auf diesem Weg" hält Sie zwar immerhin schon davon ab, auf Abwege zu geraten und in Sackgassen zu fahren. Aber die Welt da draußen ist groß und nur, wenn Sie ein bestimmtes Ziel haben, können Sie sich sicher sein, wirklich Ihren eigenen Weg zu verfolgen und nicht in neue Sackgassen gelockt zu werden. Ihr Ziel, das sind Sie selbst. Ihr individuelles Wesen, Ihre Wünsche, Ihre Träume. Es geht um die Frage: Was wollen SIE? Sie sollen zu sich selbst und Ihrer eigenen Bestimmung finden, den Weg in Ihr eigenes Leben nehmen.

Dafür ist es oftmals notwendig, dass Sie Kritik in Kauf nehmen, gegen den Strom schwimmen und für Ihre Ziele und Überzeugungen eintreten, auch wenn der Gegenwind noch so stark ist. Um zu sich selbst zu finden, müssen Sie zu sich stehen. Zunächst einmal müssen Sie aber herausfinden, wer Sie überhaupt sind und was Sie wollen. Dafür unternehmen wir zunächst einen kleinen Abstecher in Ihre Vergangenheit.

Ich sprach es schon an – je mehr Zeit vergeht, desto mehr entfernen sich die meisten Menschen von sich selbst. Mit zunehmenden Einflüssen geht das Gefühl dafür verloren, was Sie wirklich selbst wollen und wer Sie wirklich sind. Sie passen sich an die Ansprüche anderer bzw. an die gesellschaftliche Norm an (tragen zum Beispiel „altersgerechte" Kleidung und Frisuren) und begraben Ihre innersten Wünsche und Träume unter einem immer größer werdenden Berg aus fremden Meinungen.

Dass Sie mit dem Weg, den Sie gehen, nicht glücklich sind, merken Sie am Anfang jeder Entscheidung, die Ihrem Inneren widerspricht, aber Sie verdrängen es schnell. Was bleibt, ist ein unbestimmtes Gefühl von Unerfülltheit. Ihr eigenes Selbst ist schließlich noch da und es möchte Ihnen etwas sagen. Da Sie nicht mit ihm in Kontakt treten, schimpft es mehr oder weniger leise tief in Ihnen drin, lässt Sie schlecht schlafen, mies gelaunt sein und mürrische Gesichtszüge entwickeln.

Vielleicht ist es auch um einiges rebellischer und macht durch Bauchschmerzen, Herzrhythmusstörungen oder ähnlich unerfreuliche Symptome auf sich aufmerksam. Sie leiden zwar darunter, aber es ist das gute Recht Ihrer Seele, sich bemerkbar zu machen, wenn Sie entgegen ihren Wünschen leben.

Es gab aber Zeiten, in denen es Ihnen gutging, da bin ich mir sicher. Einzelne Momente oder sogar ganze Phasen. Sie fühlten sich glücklich und ausgeglichen, waren zuversichtlich und glaubten an sich. Was war da anders? Sie waren anders. Sie waren Sie selbst. Unabhängig davon, wie die äußeren Umstände waren, in denen Sie lebten, waren Sie zufrieden. Denn Sie waren eins mit Ihrem Inneren. Für manche ist diese Zeit lange her – vielleicht gab es die letzten dieser Momente mit Anfang Zwanzig, vielleicht als Teenie oder als kleines Kind. Andere konnten immerhin im Laufe ihres Lebens immer mal wieder solche Zeiten erleben. So oder so erinnern Sie sich wahrscheinlich nicht bewusst daran. Vielleicht wollen Sie es auch gar nicht, weil es zu schmerzhaft wäre – schließlich sind diese Momente vorbei und jetzt gerade sind Sie nicht so zufrieden.

Doch es ist wichtig für Ihre Reise zu Ihnen selbst, dass Sie in diese Phasen Ihres Lebens zurückkehren und mit dem Menschen, der Sie da waren, Kontakt aufnehmen. Er kann Ihnen nämlich vieles erzählen, das für Sie eine große Bedeutung hat. Er kann Ihnen erklären, was Sie wollen und wie Sie zurück zu sich selbst finden. In diesem Kapitel möchte ich Ihnen daher einige Übungen vorstellen, wie Sie mit diesem Wesen kommunizieren und von ihm lernen können.

„DER WEG IHRES LEBENS“

Nehmen Sie sich Zeit für diese Übung. Ziehen Sie sich dafür unbedingt an einen ruhigen Ort zurück und sorgen Sie dafür, dass Sie nichts und niemand stören kann. Schalten Sie insbesondere Ihr Handy aus sowie auch das Festnetztelefon und die Türklingel.

Wenn Sie durch die Geräusche unserer lauten Welt, die von draußen hereindringen, leicht ablenkbar sind, empfiehlt es sich, entspannende Lieblingsmusik anzustellen. Legen Sie sich Papier und einen Stift für Notizen bereit. Auf das Papier zeichnen Sie drei Spalten und versehen diese als Überschriften mit einem Plus-, einem Minus- und einem Fragezeichen. Außerdem brauchen Sie ein schönes Notizbuch.

Versetzen Sie sich nun in die Stimmung für diese Übung durch folgende Gedanken: Auf dem Weg durch Ihr Leben haben Sie sich selbst verloren. Sie wissen nicht mehr, wer Sie sind, und tun Dinge, die Sie nicht tun wollen. Sie sind unzufrieden mit sich selbst, lassen das Gerede Ihres Umfeldes zu viel auf sich einwirken und wissen nicht, wohin mit sich.

Seien Sie guten Mutes, Sie haben ein eigenes Selbst, das nur Ihnen gehört. Sie sind nicht als unbeschriebenes Blatt in diese Welt gekommen. Sie sind jemand, ein Individuum mit einer Seele. Sie sind ein eigener Mensch. In Ihrem Leben waren Sie schon oft Sie selbst. Sie haben diese Zeit und die Erinnerungen daran nur vergessen. Aber all das ist immer noch bei Ihnen. Tief in Ihnen ist es noch immer gespeichert und wartet darauf, wiedergefunden zu werden. Seien Sie jetzt bereit, Ihr verlorenes Selbst zu entdecken.

Sind Sie so weit? Dann fangen wir an: Stellen Sie sich Ihr Leben als verschlungenen Sandweg durch eine Wiese vor. Am Rande des Weges stehen Bänke. Diese sind die Stationen Ihres Lebens. Die Bänke sehen auf den ersten Blick alle gleich aus. Auf ihnen stehen kleine Kästen. Diese Kästen enthalten Erinnerungen, Fotos und Geschichten. Die Bänke sind nummeriert.

Wenn Sie noch etwas jünger sind, empfiehlt es sich, für jedes Ihrer Lebensjahre eine eigene Zahl zu haben. Wenn Sie schon etwas älter sind, sollten Sie lieber für jeweils kleine Lebensabschnitte eine Zahl einsetzen (letzten Endes ist es aber Ihre eigene Entscheidung und hängt davon ab, wie viel Zeit Sie für diese Übung aufbringen können).

Bevor Sie losgehen, noch eine Anmerkung: Die Bänke stehen nicht für gute oder schlechte Zeiten, sondern einzig und allein dafür, wann Sie ganz Sie selbst waren. Denn unabhängig von guten oder schlechten Situationen kann man immer man selbst sein. So, und nun gehen Sie endlich los.

Beginnen Sie, den Weg Ihres Lebens zu beschreiten, auf dem Sandweg durch die Wiese. Und zwar fangen Sie dort an, wo die Bank mit der höchsten Zahl steht, also im Jetzt, und schreiten dann immer weiter in Ihre Vergangenheit zurück. Über Ihrer Schulter hängt eine leichte Umhängetasche. Darin befinden sich ein Stück Kreide und ein Zauberstab. So gehen Sie zur Bank mit der höchsten Zahl. Setzen Sie sich darauf und öffnen Sie den kleinen Kasten der Erinnerungen.

Nehmen Sie sich Zeit und betrachten Sie alles ganz in Ruhe. Besinnen Sie sich auf diesen Moment in Ihrem Leben zurück. Waren Sie in dieser Phase immer Sie selbst? Wenn Sie diese Frage mit „ja“ beantworten können, nehmen Sie die Kreide aus Ihrer Umhängetasche und malen ein schönes Pluszeichen auf die Bank. Falls Sie sich auf dieser Bank gar nicht wohlfühlen und nicht den Eindruck haben, Sie selbst zu sein, malen Sie ein hässliches Minuszeichen auf sie. Falls Sie sich nicht sicher sind, versehen Sie diese Bank mit einem Fragezeichen. Merken Sie sich gut, welche Bank Sie mit welchem Zeichen beschriftet haben.

Sie werden sehen, dass eine Bank mit einem Pluszeichen plötzlich in neuem Glanz erstrahlt und schöne Blumen wachsen auf einmal um sie herum. Eine Bank mit einem Minuszeichen wird hingegen alt und brüchig erscheinen, sogar der Rasen um sie herum ist verdorrt. Eine Bank mit einem Fragezeichen bleibt unverändert.

Beschreiten Sie nun den ganzen Weg wie beschrieben. Machen Sie bei jeder Bank Halt, setzen Sie sich und beschäftigen Sie sich mit den Erinnerungen im jeweiligen Kasten. Bewerten Sie jede Bank mit dem Zeichen, das auf sie zutrifft, und sehen Sie, wie sie sich gegebenenfalls verändert. So gehen Sie immer weiter zurück in Ihrem Leben, bis Sie an der Bank mit der niedrigsten Zahl angekommen sind.

Am Beginn Ihres Lebens (bzw. Ihrer Erinnerungen) angekommen, schauen Sie sich um. Blicken Sie auf den ganzen Weg, den Sie zurückgelegt haben, mit all den Bänken – und zwar aus der Perspektive des Kindes, das Sie einmal waren. Ein Kind voller Wünsche und Träume. Sie schauen nun auf hässlich gewordene

Bänke, auf Bänke, die sich nicht verändert haben, aber auch hoffentlich auf viele strahlend schöne Bänke, um die herum die hübschesten Blumen blühen.

Diese schönen Bänke verkörpern Ihr eigenes Selbst, das schöne Wesen, das Sie in Wirklichkeit sind und das Sie hinter den vielen hässlichen Bänken gar nicht mehr wahrgenommen haben. Seien Sie ruhig gerührt von dem Anblick des Schönen. Aber nun machen Sie sich auf den Weg zurück ins Jetzt, wo Sie gerade (hoffentlich immer noch ungestört) sitzen.

Doch Halt, nicht einfach so zurückgehen. Sie haben doch noch den Zauberstab. Nehmen Sie diesen aus Ihrer Umhängetasche und halten Sie ihn, während Sie den Weg gehen, in Ihrer Hand bereit. Immer, wenn Sie an einer der hässlichen Bänke mit einem Minuszeichen vorbeikommen, berühren Sie diese mit dem Zauberstab und lassen sie dadurch einfach verschwinden.

Der Zauberstab ist ein Sinnbild Ihrer Macht über Ihr eigenes Leben. Nur Sie führen Regie darin, niemand sonst. Die Bänke mit den Fragezeichen können Sie ebenfalls verschwinden lassen oder aber Sie ignorieren sie einfach. Man kann nicht alles auf einmal aufarbeiten. Von den schönen Bänken nehmen Sie jeweils aus dem kleinen Kasten der Erinnerungen ein paar Andenken mit. Verstauen Sie diese in Ihrer Umhängetasche.

Am Beginn des Weges (bei der Bank mit der höchsten Zahl) angekommen, kehren Sie langsam ins Hier und Jetzt zurück. Bevor Sie die Augen aufmachen, lassen Sie aber noch eine Weile die Erlebnisse und Bilder, die Sie von den schönen Bänken mitgenommen haben, auf sich wirken. Sie sind jetzt wieder da, wo Sie im Moment leben. Aber etwas hat sich verändert – Ihr Selbst ist mit Ihnen mitgekommen. Sie werden bemerken, dass sich ein positives Gefühl in Ihnen ausbreitet. Nun ist der Punkt gekommen, an dem Sie langsam die Augen öffnen.

Tun Sie dies mit dem Wissen, dass Sie ganz Sie selbst sind und dies nun für immer bleiben wollen. Sie wollen sich nie wieder verlieren. Erinnern Sie sich nach dem Öffnen der Augen nochmals ganz bewusst an die Eindrücke von Ihren schönen Bänken und spüren Sie das warme, wohlige Gefühl in sich ganz intensiv. Heißen Sie Ihr Selbst in Ihrem jetzigen Leben willkommen. Seien Sie bereit, das zu festigen, was Sie an sich lieben, Ihr wahres Ich zu stärken und sich von ihm stärken zu lassen.

Nehmen Sie nun den Stift und das Notizblatt zur Hand. Tragen Sie die Zahlen der Bänke in die Spalten ein, je nachdem, wie Sie sie bewertet haben (+, - oder ?). Wenn Sie fertig sind, schauen Sie sich die Listen nochmal an. Alle Zahlen, die unter dem Minuszeichen stehen, streichen Sie so durch, dass diese nicht mehr erkennbar sind. Um die Fragezeichen kümmern Sie sich nicht. Die Zahlen, die unter dem Pluszeichen stehen, übertragen Sie einzeln auf jeweils eine Seite des Notizbuches und schreiben sie in Schönschrift oben darauf. Darunter schreiben Sie einen kleinen Text über die Erinnerungen aus diesem Lebensjahr oder -abschnitt, die Sie in Ihrer Umhängetasche mitgenommen haben.

Beschreiben Sie, warum das eine schöne Zeit war und inwiefern Sie dort Sie selbst waren. In Zukunft schauen Sie sich diese Seiten immer wieder an und erinnern sich auch an die schönen Bänke mit den hübschen Blumen auf Ihrem Weg. So behalten Sie ab jetzt immer im Kopf und im Herzen, wer Sie sind und wie Sie sein wollen.

Tragen Sie diese Erinnerung möglichst ständig in sich und leben Sie so, dass Sie ihr gerecht werden. Beobachten Sie sich genau. Wenn Sie merken, dass Sie anders sind als auf den schönen Bänken, holen Sie Ihr Büchlein heraus und besinnen Sie sich auf Ihr wahres Selbst. Zu Anfang wird das noch oft nötig sein – immer, wenn Sie in Ihre alten, blockierenden Gedanken- und Verhaltensmuster verfallen, sich ungenügend fühlen oder jemand von außen versucht, Ihnen in Ihr Leben und Ihr eigenes Wesen hineinzureden.

Auch wenn Sie glauben, bereits wieder bei sich selbst zurück zu sein und sich wieder auf dem Weg zu befinden, den Sie wirklich gehen wollen, besteht die Gefahr, dass Sie sich bald wieder verlieren. Es gibt immer Situationen und Menschen, die auf Sie einwirken, Ihr ganzes Leben lang. Sie müssen also ständig achtsam sein und auf Ihr Selbst aufpassen – umso mehr jetzt am Anfang, wo es noch neu und ungeübt für Sie ist, sich treu zu sein. Alles braucht seine Zeit.

Wenn Sie merken, dass es Ihnen schwerfällt, bei sich selbst zu bleiben, wiederholen Sie die Übung, aber mit einer leichten Abwandlung. Gehen Sie den Weg noch einmal und bei Bedarf wieder und wieder. Machen Sie jedoch nur bei den schönen Bänken halt, die Ihrem wahren Selbst entsprechen. Stärken Sie sich dort erneut, atmen Sie durch, kommen Sie zu sich. Falls die hässlichen Minus-

Bänke, die Ihnen Ihr Selbst rauben wollen, doch ungefragt wieder auftauchen sollten, haben Sie ja noch Ihren Zauberstab dabei, um sich ihrer zu entledigen.

Denken Sie immer daran, dass Sie ganz allein über Ihr Leben bestimmen. Sie entscheiden, welche Bänke auf Ihrem Weg stehen, ob Sie Sie selbst sind oder nicht. Nicht nur auf dem Weg Ihrer Erinnerungen ist das so, sondern auch in Ihrem echten Leben. Es tauchen immer wieder hässliche Bänke in Form von Menschen auf, die Ihnen Ihre Selbstverwirklichung und Ihr Glück einfach nicht gönnen. Sie haben in der Realität zwar keinen Zauberstab, um sie verschwinden zu lassen, aber die zauberhafte Macht tragen Sie trotzdem in sich.

Lachen Sie jedem, der Ihnen eine hässliche Bank in den Weg stellen will, einfach ins Gesicht und lassen Sie seine Meinung an sich abprallen. Sie müssen den anderen Menschen nicht gefallen. Sie müssen sich nur selbst gefallen. Und wer wirklich wertvoll für Ihr Leben ist, akzeptiert und liebt Sie so, wie Sie in Wirklichkeit sind. Sie müssen sich weder für sich selbst schämen noch Mitleid mit den Menschen haben, die Sie von Ihrem eigenen Weg abzubringen versuchen.

Sie haben das Recht darauf, Sie selbst zu sein, und können stolz auf Ihr eigenes Ich sein. Vergessen Sie das niemals. (Respektieren Sie im Gegenzug aber auch, dass alle anderen Menschen ebenso ihr eigenes Selbst haben, auch wenn es anders ist, als Sie es sich wünschen.)

„BRIEF IHRES INNEREN KINDES“

Nun versetzen Sie sich in die Position des Teils Ihrer Vergangenheit, wo Sie am meisten Sie selbst waren und am stärksten an sich geglaubt haben. Mit großer Wahrscheinlichkeit ist das Ihre Kindheit im Kindergarten- oder Grundschulalter. Wenn Sie als Kind nicht Sie selbst gewesen sein sollten oder sich nicht daran erinnern können, aber auf dem „Weg Ihres Lebens“ eine solche Phase von sich im späteren Leben kennengelernt haben, wählen Sie natürlich diese. Seien Sie dieser Mensch, der noch nicht verbogen ist, der natürlich und unbeschwert ist und der weiß, was er selbst will. Denken Sie nicht nur daran, sondern versetzen Sie sich wirklich zurück. Fühlen Sie wie dieser Mensch, werden Sie eins mit ihm. Erinnern Sie sich intensiv, wie dieser Mensch war und auf welche Art er sein

Leben lebte (nicht, wie die äußeren Umstände waren, sondern wie er das Leben nahm und mit sich und der Welt umging). Dabei helfen Ihnen die Andenken aus Ihrer Umhängetasche aus der betreffenden Zeit. Nehmen Sie sich so viel Zeit, wie Sie brauchen, und stellen Sie sicher, dass nichts und niemand Sie stört.

Wenn Sie sich mit diesem Menschen, der Sie waren, intensiv verbunden fühlen, schreiben Sie aus dieser Perspektive einen Brief an Ihr heutiges Ich. Beginnen Sie zum Beispiel so:

„Mein lieber Freund/meine liebe Freundin, wir haben uns das letzte Mal gesehen, als wir ... Jahre alt waren. Erinnerst du dich noch an mich? Wir haben damals... Es ist viel Zeit vergangen. Ich war die ganze Zeit bei dir. Leider hast du mich nicht bemerkt. Aber ich weiß vieles über dich und dein heutiges Leben. Und ich weiß, dass du gerade versuchst, einiges zu ändern und glücklich zu werden. Lass mich dir helfen und dir sagen, wie du das schaffen kannst."

Natürlich können Sie auch einen ganz eigenen Anfang wählen. **Schreiben Sie dann aus der Sicht Ihres inneren Kindes bzw. des Menschen zu der Zeit, als Sie ganz Sie selbst waren**,

- was Ihnen an Ihrem heutigen Leben gefällt;
- was Ihnen nicht gefällt;
- welche Eigenschaften von Ihnen positiv sind und Sie voranbringen können;
- welche Gedanken und Verhaltensweisen Ihnen im Weg stehen;
- was Sie sich von sich selbst wünschen, was Sie erreichen und wie Sie sein wollen;
- was für Sie im Leben wichtig ist;
- was Sie tun können, um Ihre Ziele zu erreichen;
- wie Sie sofort zufriedener werden.

Vielleicht fallen Ihnen ja sogar noch mehr Sachen ein, die Sie sich sagen möchten. Nach dem Schreiben kehren Sie in Ihre jetzige Existenz zurück. Lesen Sie sich aus Ihrer heutigen Perspektive den Brief aufmerksam durch. Überlegen Sie sich dann, wie Sie die Tipps Ihres Selbst umsetzen können. Wenn etwas nicht

„einfach so" geht, machen Sie sich einen Plan mit Etappenzielen und Lösungswegen. Legen Sie diesen zusammen mit dem Brief an einen persönlichen Ort (niemand außer Ihnen sollte diese Aufzeichnungen zu sehen bekommen).

Lesen Sie sich den Brief und Ihre Ziele am Anfang einmal täglich durch. Später ist es nur noch bei Bedarf nötig, wenn Sie merken, dass Sie nicht Sie selbst sind. Achten Sie jeden Tag darauf, sich so zu verhalten, wie Ihr inneres Ich es sich von Ihnen wünscht. Immer, wenn Sie ein Etappenziel erreicht haben, malen Sie sich einen lächelnden Smiley dazu.

Als Erweiterung können Sie jeden Abend oder einmal pro Woche wieder in die Rolle Ihres inneren Kindes schlüpfen und in einem Tagebuch vermerken, was Sie gut gemacht haben und was nicht.

„DIE WÜNSCHE UND TRÄUME IHRER KINDHEIT"

Versetzen Sie sich nun wieder in die Rolle Ihres inneren Kindes. Diesmal sollte es wirklich Ihr inneres Kind sein, denn als Kind hatten Sie noch die unbeschwerteste Sicht auf das Leben und alles noch vor sich. Machen Sie diese Übung wieder ganz in Ruhe und mit ausreichend Zeit. Gehen Sie in sich, schlüpfen Sie in Ihr kindliches Ich. Erinnern Sie sich, wie es war, dieses Kind zu sein. So stimmen Sie sich auf die Übung ein.

Als dieses Kind denken Sie nun – vollkommen unvoreingenommen – darüber nach, wie Sie sich Ihr Leben vorstellen. Fangen Sie ruhig auch an, zu träumen, wie ein Kind es tut. Nicht jeder Wunsch muss realistisch sein. Erinnern Sie sich zurück – was haben Sie sich für Ihr Leben gewünscht, „wenn Sie mal groß sind"? Welche Ziele hatten Sie? Was wollten Sie erreichen? Was wollten Sie erleben? Welchen Beruf wollten Sie ergreifen? Wie haben Sie sich Ihr Privatleben vorgestellt? Was wollten Sie niemals tun? Malen Sie sich aus der Sicht Ihres kindlichen Selbst Ihr Erwachsenenleben aus.

Wenn Sie meinen, alle Wünsche und Träume entdeckt zu haben, öffnen Sie langsam die Augen und kehren in Ihr jetziges Ich zurück. Erinnern Sie sich nun an die Wünsche und Träume Ihres inneren Kindes und schreiben sie auf, aber ohne sie schon zu ordnen. Wenn Sie fertig sind, schauen Sie sich alles an. Was davon haben Sie bereits erreicht? Zeichnen Sie hinter diesen Punkt oder diese Punkte jeweils einen schönen Haken. Auch wenn es nur ein oder zwei Haken sind, können Sie stolz auf sich sein – Sie haben schon eines Ihrer Ziele erreicht. Und auch wenn nicht, besteht kein Grund zu Unmut, denn es liegt ja noch einiges an Lebenszeit vor Ihnen.

Betrachten wir nun die anderen Punkte. Welche der Wünsche und Träume können Sie realistisch betrachtet nicht (mehr) erreichen? Ärgern Sie sich nicht darüber und seien Sie nicht traurig. Als Kind konnten Sie nun einmal nicht vorhersehen, wie sich die Dinge im Laufe der Zeit entwickeln. Einiges war vielleicht von vornherein unmöglich, anderes hätten Sie möglicherweise erreichen können, wenn Sie früher zu sich selbst gefunden hätten. Aber das ist jetzt egal. Jetzt ist jetzt. Was man nicht ändern kann, muss man für sein Leben annehmen und das Beste daraus machen. Und wer weiß, vielleicht war es sogar gut, dass Sie das betreffende Vorhaben nicht umgesetzt haben – man sagt, am Ende ergibt alles einen Sinn.

Auf jeden Fall sind Sie bei Weitem nicht der einzige Mensch, der nicht all seine Kindheitsträume wahrgemacht hat. Aber jetzt und in Zukunft haben Sie die Chance, das zu verwirklichen, was noch erreichbar ist. Setzen Sie die nicht erreichbaren Punkte in Klammern, aber streichen Sie sie nicht durch. Denn sie sind immerhin noch eine Vorstellung Ihres Selbst aus Ihrer Kindheit und als solche Erinnerung haben sie auch einen Wert. Und wer weiß, was die Zukunft bringt. Vielleicht können Sie den einen oder anderen Traum irgendwann doch noch umsetzen.

Es bleiben noch die Punkte, die Sie noch nicht erreicht haben, aber realistisch betrachtet erreichen können. Gehen Sie diese durch und fragen Sie sich aus Ihrer heutigen Sicht (aber als Sie selbst), ob Sie das wirklich (jetzt) wollen. Wenn nicht, schreiben Sie dahinter ein Fragezeichen – vielleicht möchten Sie ja irgendwann darauf zurückkommen. Die restlichen Wünsche und Träume bekommen ein Ausrufezeichen.

Heben Sie das Blatt bzw. die Blätter gut auf und schauen Sie von Zeit zu Zeit darauf. Die Wünsche und Träume mit einem Ausrufezeichen übertragen Sie jedoch noch auf je ein einzelnes Blatt Papier. Nun nehmen Sie sich diese nach und nach vor und überlegen sich, was Sie tun müssen und können, um sie zu verwirklichen. Schreiben Sie Ihre Ideen jeweils unter die Wünsche, am besten gleich in einer sinnvollen Reihenfolge, sodass Sie Schritt für Schritt dem jeweiligen Ziel näherkommen. Denken Sie anschließend darüber nach, welcher Wunsch für Sie aktuell die höchste Priorität hat. Mit diesem beginnen Sie die Umsetzung. Anschließend folgen die weiteren Wünsche, ebenfalls nach Prioritäten geordnet.

„FOTO-ERINNERUNG"

Hier noch eine einfache Übung für zwischendurch, mit der Sie sich immer wieder daran erinnern können, wer Sie sind (oder waren) und wie Sie sein möchten. Allzu leicht geht das gerade wiedergefundene Selbst aus vergangenen Zeiten im jetzigen Alltag nämlich leider wieder verloren. Da ist es gut, wenn Sie sich die Erinnerung immer wieder zurückrufen können.

Was brauchen Sie dafür? Fotos, viele Fotos. Fotos aus Ihren zurückliegenden Lebensjahren, und zwar solche, auf denen Sie nicht nur glücklich aussehen, sondern es auch wirklich in Ihrem Inneren sind. Fotos, die Sie als Sie selbst zeigen – so, wie Sie eigentlich gern immer wären, es im Moment aber leider oft (noch) nicht sind, weil Sie sich noch zu sehr von den Erwartungen anderer oder Ihren blockierenden Glaubenssätzen abhängig machen.

Kramen Sie in alten und neuen Fotoalben (oder in Dateiordnern, wenn Sie nur noch digitale Fotos haben). Nehmen Sie die Aufnahmen, die Sie selbst verkörpern, heraus bzw. drucken Sie sie aus und basteln Sie sich damit eine Fotowand. Gebastelt haben Sie zwar vielleicht auch seit Ihren Kindertagen nicht mehr, aber Sie werden sehen: Es ist wie mit dem Radfahren, nach einer kleinen anfänglichen Unsicherheit geht es ganz leicht. Nur Mut! So haben Sie auch ein erstes Projekt, mit dem Sie Selbstvertrauen schöpfen können (weitere Möglichkeiten dazu folgen im Kapitel „Schritt 7 – An die innere Stärke glauben").

Hängen Sie die Fotowand neben einen Spiegel. Falls Sie nicht allein wohnen, suchen Sie sich für die Fotowand und einen (dann ggf. zusätzlichen) Spiegel einen Ort, der für Sie ganz privat ist. Erklären Sie Ihrer Familie oder Ihren Mitbewohnern, dass dieser Platz nur für Sie da ist und die anderen dort nicht hingehen dürfen. Es ist nämlich wichtig, dass bei dieser Übung niemand anderes auf Sie einwirken kann. Sie gehören ganz sich selbst.

Und wie geht nun die Übung? Ganz einfach: Gehen Sie mehrfach am Tag zu diesem Platz, egal, in welcher Stimmung Sie sind und was Sie erlebt haben. Es ist gut, wenn Sie in unterschiedlichen Gemütszuständen dorthin gehen. Stellen Sie sich vor den Spiegel und vergleichen Sie Ihren Gesichtsausdruck sowie Ihre Körperhaltung mit dem Ausdruck und der Haltung auf den Fotos. Wirken Sie jetzt so wie auf den Bildern? Stimmen Ihre jetzige Mimik und Gestik mit Ihrem Selbst, das Sie ja auf den Fotos identifiziert haben, überein? Dann lächeln Sie sich im Spiegel an. Wenn Ihr Gesichtsausdruck und Ihre Körperhaltung erkennbar von den Fotos abweichen, schneiden Sie sich eine Grimasse und strecken sich selbst die Zunge raus. Wenn Sie alles richtig gemacht haben, bringt Sie das zum Lachen und Ihr Körper entspannt sich – schon sehen Sie sich selbst ähnlicher.

In diesem Moment (lächelnd oder lachend und locker) machen Sie ein Selfie von sich. Vergleichen Sie dieses dann nochmals mit den Fotos an der Wand. Erkennen Sie sich selbst wieder? Sehen Sie auf dem Selfie Ihr wahres Ich, das Sie sein möchten, drucken Sie es aus und fügen es in Ihre Fotogalerie ein. (Bei der Vorplanung müssen Sie natürlich berücksichtigen, dass Sie genügend Platz für neue Fotos lassen sollten – Sie können ja zum Beispiel eine größere Fotowand nehmen und um jedes Foto einen gewissen Abstand lassen oder Sie kleben alle alten Fotos in die Mitte und Ihre neuen drumherum. Bestimmt finden Sie eine eigene, kreative Lösung.)

Mithilfe dieser Übung werden Sie Tag für Tag wieder ein bisschen mehr zu der Person, die Sie selbst früher schon sein wollten und immer noch sein wollen. Behalten Sie die positiven Eindrücke von sich im Kopf, auch wenn Sie nicht vor der Fotowand stehen. Mit der Zeit wird Ihnen das immer leichter fallen. Sie werden immer mehr verinnerlichen, wer bzw. wie Sie wirklich sind. So werden Sie nach und nach immer mehr Ihr eigenes Selbst verkörpern. Nehmen Sie es in sich auf. Strahlen Sie Ihre wahre Identität auf all Ihren Wegen aus.

Lassen Sie die Fotowand als ständig wachsenden Helfer fortbestehen. Reden Sie an schlechten Tagen, die nicht so geklappt haben, wie Sie es sich vorgenommen hatten, mit sich selbst vor Ihren Fotos oder vor dem Spiegel. Sie dürfen auch laut reden. Sie werden sehen: Sie werden immer stärker und selbstbewusster.

Sicher gibt es Widerstände von außen – Menschen, denen es nicht recht ist, dass Sie Sie selbst sind und sich nicht länger beeinflussen lassen. Menschen, die es Ihnen nicht gönnen, dass Sie mit sich selbst zufrieden sind, weil sie selbst nicht mit sich zufrieden sind. Passen Sie auf, dass diese Menschen Ihnen Ihren Kontakt mit Ihrem Selbst nicht kaputtmachen. Lassen Sie deren Energie nicht an sich herankommen – hierbei hilft Ihnen Ihre Schutzhülle, wie Sie im letzten Kapitel gelernt haben. Wenn es doch so jemand durch Ihre Firewall schafft, dann durchtrennen Sie schnell die Energieschnur. Vielleicht (hoffentlich) haben Sie aber auch mindestens einen Menschen, der voll und ganz zu Ihnen steht und Ihr Selbst so akzeptiert, wie es ist. So ein Mensch kann Ihnen helfen, zu sich selbst zu finden, und Sie stärken. Seien Sie aber vorsichtig, bevor Sie so viel Vertrauen haben. Im nächsten Kapitel folgt noch eine Übung, bei der Sie unter anderem die Personen identifizieren können, die gut oder schlecht für Sie sind.

DAS HABE ICH IN DIESEM KAPITEL ÜBER MICH GELERNT

Schritt 5: Erkennen, was im Leben wirklich zählt

Jetzt haben Sie schon einen Teil Ihres Selbst wiedergefunden. Sie haben sich an Ihre Wünsche und Träume erinnert und Sie haben erfahren, wie es sich anfühlt, Sie selbst zu sein. Ihre Seele hat sprechen gelernt und Ihr Geist ist bereit, ihr zuzuhören. Was Sie aus der Vergangenheit gelernt haben, wenden Sie nun in der Gegenwart an.

„DIE FRAGEN MEINES LEBENS"

Für diese erste Übung versetzen Sie sich in einen meditativen Zustand. Schalten Sie alle Reizquellen aus, gehen Sie in einen ruhigen Raum und machen Sie es sich gemütlich. Setzen Sie sich bequem hin, schließen Sie die Augen und entspannen Sie sich. Konzentrieren Sie sich ganz auf sich selbst, richten Sie den Blick nach innen. Seien Sie vollkommen bei sich. Bestimmt haben Sie ein paar Gedanken im Kopf – lassen Sie diese einfach vorbeiziehen.

Wenn Sie ganz entspannt und auf Ihr Inneres fokussiert sind, beginnen Sie, sich Fragen zu stellen. Richten Sie diese an Ihr Inneres bzw. an Ihre Seele oder Ihr höheres Selbst (je nachdem, welche Bezeichnung Sie bevorzugen). Horchen Sie dann einfach entspannt in sich hinein. Die Antwort kann in Worten oder in Bildern kommen.

Bevor Sie anfangen, noch ein wichtiger Hinweis: Auch wenn Sie bereits begonnen haben, Ihre blockierenden Glaubenssätze aufzulösen, sind diese bestimmt immer noch teilweise vorhanden. So schnell wird man die leider nicht los. Deshalb müssen Sie jede Antwort nochmal kritisch hinterfragen, indem Sie sich intensiv hineinfühlen. Sind das wirklich Sie selbst, der/die da antwortet? Oder hat Ihnen eine falsche bzw. fremde Überzeugung etwas zugeflüstert? Sie können das unterscheiden. Ihr Bauchgefühl sagt es Ihnen.

Die Antworten, die ehrlich aus Ihnen selbst kommen, merken Sie sich gut und schreiben sie im Anschluss an Ihre Selbstbefragung auf. Es ist zu empfehlen, die Übung in mehreren Etappen zu machen, damit Sie sich wirklich alles gut merken können.

Sie sollten Ihre Erkenntnisse übrigens nicht einfach nur auf lose Zettel schreiben, sondern in ein schönes Notizbuch. Dann können Sie immer wie-der darin blättern und sich an sich erinnern. Schreiben Sie immer oben auf eine Seite die Frage und da-runter die jeweilige Antwort. Sie dürfen Ihre Erkenntnisse gern auch ausführlich beschreiben.

Jetzt geht es aber endlich los. Sie können sich selbst **Fragen** überlegen, **die darauf abzielen, Ihr Inneres besser kennenzulernen** – unbedingt sollten Sie sich aber die folgenden Fragen stellen:

1. Wann war ich besonders glücklich? Was habe ich da gemacht?

Wenn Sie die Tätigkeiten oder Erlebnisse wiederholen können, dann sollten Sie dies so oft wie möglich tun. Ist es nicht genauso möglich, sollten Sie zumindest einzelne Aspekte der Handlungen in Ihr heutiges Leben bringen. Wenn Sie zum Beispiel glücklich waren, als Sie sich um Ihren Garten gekümmert haben, inzwischen jedoch in einer Wohnung mit winzigem Balkon wohnen, können Sie sich ein paar schöne Pflanzen auf Ihren Balkon und in Ihre vier Wände holen. Oder aber Sie bieten anderen Leuten an, sich um deren Gärten zu kümmern.

2. Wann war ich unzufrieden? Was habe ich da gemacht?

Die Dinge, die Ihnen bei dieser Frage einfallen, sollten Sie möglichst nie mehr tun. Wenn Sie es aber machen müssen, dann ist es leider erforderlich, dass Sie es akzeptieren. Bestimmte Handlungen und Regeln gehören zum Leben in einer rechtsstaatlichen Gemeinschaft dazu, wie zum Beispiel, sich an die Verkehrsvorschriften zu halten oder Ruhezeiten einzuhalten. Andere Dinge sind nötig, wenn Sie etwas Bestimmtes erreichen oder vermeiden wollen, sozusagen als notwendiges Übel oder Mittel zum Zweck.

Zum Beispiel müssen Sie arbeiten, um Ihre Wohnung oder Ihr Haus zu finanzieren, ggf. Ihre Kinder zu ernähren, sich etwas Schönes zu kaufen oder in den Urlaub zu fahren. Es ist auch nötig, dass Sie hin und wieder mal putzen, wenn Sie in einem gepflegten Zuhause wohnen wollen, und ein-kaufen zu gehen, wenn Sie etwas essen möchten. In derartigen Fällen sollten Sie sich vor Augen halten, wofür Sie das tun, was Ihnen im Grunde missfällt.

Wenn Sie aber zum Beispiel mit Ihrer Arbeit unzufrieden sind, sollten Sie sich nach einem anderen Job umsehen, der Ihnen besser gefällt. Akzeptieren muss man nur das, was man nicht ändern kann oder was für die eigenen Ziele notwendig ist – und zwar genauso lange, wie man es nicht ändern kann bzw. wie es notwendig ist.

Finden Sie eine bessere Lösung, ergreifen Sie diese bitte (das gilt für private An-gelegenheiten natürlich ebenso wie für berufliche). Niemand muss in einer Situation verharren, die ihn unzufrieden macht und die er ändern kann. Sie werden aber sicher auch auf viele kleine Aspekte stoßen, die überhaupt nicht nötig sind – zum Beispiel, Ihre kostbare Freizeit damit zu verbringen, ewig vor dem Spiegel zu stehen, um für andere „schön" auszusehen.
Schön sind Sie in jedem Fall, Ihr eigenes Inneres ist schön. Und es gibt sicher viele Dinge, die Sie lieber machen möchten und Ihnen wichtiger sind, als sich zu stylen. Das ist aber nur ein Beispiel – Ihre eigenen Antworten sagt Ihnen Ihr Inneres.

3. Bei welchen Menschen kann ich ganz offen sein und muss mich nicht verstellen?

Solche positiven Kontakte sind sehr wertvoll, um Sie bei Ihrer Selbstfindung zu unterstützen. Solche Menschen reden Ihnen nicht rein, sondern akzeptieren Sie so, wie Sie sind. Sie können sich in ihrer Gegenwart frei entfalten und werden in jedem Fall geliebt. Das sind echte Freunde. Zu diesen Menschen sollten Sie verstärkt Kontakt suchen.

4. Bei welchen Menschen fühle ich mich unwohl? Wer hat kein Verständnis für meine Interessen und Gefühle? Wer versucht, mich zu verbiegen?

Die meisten Menschen neigen leider dazu, andere nach ihrem Bild formen zu wollen. Nicht jeden können Sie aus Ihrem Leben verbannen und natürlich sollten Sie das auch nicht bei jedem tun. Viele Menschen sind nur manchmal so und haben ansonsten durchaus positive Eigenschaften.

Wer für Sie keine positiven Eigenschaften hat und zu wem Sie kein enges familiäres Verhältnis haben, mit dem sollten Sie keinen Kontakt pflegen, wenn die oben genannten Fragen auf ihn zutreffen. Falls es nicht möglich ist, einem solchen Menschen aus dem Weg zu gehen (zum Beispiel bei Kollegen oder Nachbarn), sollten Sie seine Meinung ignorieren. Auch Personen, die Ihnen wichtig sind, sollten Sie in den Momenten nicht beachten, in denen sie Ihr Selbst unter drücken wollen.

5. Welche Ziele möchte ich erreichen? Was wünsche ich mir für mein Leben?

Mit Sicherheit haben Sie viele große und kleine Wünsche. Einige haben Sie ja schon in der Übung „Die Wünsche und Träume des inneren Kindes" wiederentdeckt. Gehen Sie jetzt nochmal in sich und lassen Sie Ihr Selbst sprechen – bestimmt ist da noch mehr als das, woran Sie als Kind gedacht haben.

Es kommt nicht auf die Größe der Wünsche an und auch nicht darauf, ob sie erreichbar sind oder nicht. Es geht jetzt nur darum, sich selbst kennenzulernen und Ihrem Inneren Wertschätzung zu zeigen, in-dem Sie sich anhören, was es sich wünscht.

6. Was würde ich gern tun? Was wollte ich schon immer mal machen?

Auch hierzu hat Ihnen Ihr inneres Kind sicher schon einiges erzählt. Gemeint sind jetzt nicht Ihre Ziele und Lebenswünsche, die Sie ja schon in der letzten Frage herausgefunden haben, sondern einfach Beschäftigungen, die Ihnen Spaß machen bzw. die Siegern ausprobieren würden.

7. Was ist mir im Leben wichtig? Worauf möchte ich nicht verzichten? Was zählt wirklich für mich?

Wir sind von den Einflüssen der Gesellschaft und der Medien so geprägt, dass wir oft denken, etwas wäre uns wichtig, obwohl es das in Wahrheit nicht ist, und übersehen darüber, was für uns selbst wirklich eine Bedeutung hat.

Konzentrieren Sie sich bei dieser Frage besonders stark und achten Sie bei jeder Antwort auf das Gefühl in Ihnen. Je mehr Antworten Sie haben und je oberflächlicher diese sind, desto unwahrscheinlicher ist es, dass sie wirklich von Ihrem Selbst kommen – das vorab zur Warnung.

8. Wie zufrieden bin ich mit meinem Berufsleben?

Auch, wenn Sie Hausfrau oder -mann sind, ist dies ein Beruf. Denken Sie über alle Aspekte Ihrer Arbeit nach. Was ist positiv, was negativ? Achten Sie darauf, als Sie selbst zu antworten, denn in diesem Bereich wird einem von Jugend an viel eingeredet.

Konzentrieren Sie sich auf Ihr Gefühl, das Ihnen sagt, was SIE wirklich gut an Ihrer Arbeit finden und was nicht. Anschließend fragen Sie sich: Was kann ich tun, um meine Zufriedenheit zu steigern?

9. Wie zufrieden bin ich mit meinem Privatleben?

Hier denken Sie bitte ebenfalls kritisch als Sie selbst über alle Faktoren nach. Seien Sie ganz offen und lassen Sie sich nicht von dem beeinflussen, was Ihre Mitmenschen, die gesellschaftlichen Normen oder die Medien Ihnen eingeredet haben.

Wenn Sie in einer Beziehung leben, müssen Sie zum Beispiel nicht glücklich sein, und wenn Sie Single sind, müssen Sie nicht unzufrieden sein. Alles hat seine Vor- und Nachteile und jeder Mensch ist unterschiedlich. Es kommt auf Sie selbst, Ihre Wünsche und Ihr Ge-fühl an. Wenn Sie auf Aspekte treffen, mit denen Sie unzufrieden sind, fragen Sie sich wiederum: Was kann ich tun, um meine Zufriedenheit zu steigern?

10. Wie möchte ich, dass mein Leben in 10, 20, 30 Jahren aussieht?

Versetzen Sie sich in die Lage Ihres zukünftigen Ichs. Was haben Sie zu der betreffenden Zeit erreicht? Wie sind Sie dahin gekommen? Seien Sie positiv, aber auch realistisch.

11. Welche Probleme möchte ich gern lösen?

Sicher gibt es einige Schwierigkeiten in Ihrem Leben, vielleicht stecken Sie sogar gerade mitten in einer richtigen Krise. Überlegen Sie sich, welche Probleme sich wirklich nachteilig auf Ihr Leben auswirken – nicht alles, was als Problem erscheint, muss auch eines sein. So nehmen Sie sich vielleicht bereits ein wenig Druck weg.

Bei den Schwierigkeiten, die Sie tatsächlich lösen müssen, um als Sie selbst glücklich werden zu können, denken Sie darüber nach, welche möglichen Wege es gibt. Sie müssen jetzt noch zu keinem Plan kommen, es geht erst einmal nur darum, Ihre Gedanken anzustoßen, Sie für Ihre wahren Probleme achtsam zu machen und Ihnen zu zeigen, dass Sie selbst etwas ändern können.

12. Bei welchen Tätigkeiten fühle ich mich ganz wie ich selbst?

Unabhängig davon, was Sie beruflich machen und ob Ihr aktueller Beruf Ihrem Selbst entspricht, denken Sie nun über Ihr gesamtes Leben (beruflich und privat) nach und denken auch zurück bis in Ihre Kindheit. Welche Beschäftigungen machen Ihnen wirklich Spaß? Wobei können Sie alles um sich her-um vergessen und sind mit sich und der Tätigkeit eins?

Im privaten Bereich sollten Sie am besten sofort mit diesen Beschäftigungen wieder anfangen bzw. sie öfter tun. Wenn Sie einen Beruf ausüben, bei dem Sie sich überwiegend wie Sie selbst fühlen, dann ist das sehr wertvoll – wenn nicht, sollten Sie vielleicht beginnen, zu überlegen, welche Berufe es gibt, die besser zu Ihnen passen.

13. Bei welchen Tätigkeiten fühle ich mich fremd? Wozu habe ich überhaupt keine Lust? Wobei bekomme ich immer schlechte Laune?

Denken Sie auch hier über Ihr gesamtes Leben nach und meiden Sie solche Tätigkeiten möglichst, es sei denn natürlich, es führt kein Weg daran vorbei. Wenn Sie zum Beispiel einen Job haben, den Sie absolut ätzend finden, sollten Sie sich eine andere (zur Not erst mal nur bessere, wenn auch noch nicht perfekte) Arbeit suchen; wenn Sie bestimmte Tätigkeiten in Ihrem familiären Zusammenleben nicht ausstehen können, suchen Sie gemeinsam mit Ihrer Familie eine Lösung.

14. Was hindert mich daran, einfach ich selbst zu sein? Wovor habe ich Angst?

An dieser Stelle werden Ihnen sicher viele Ihrer noch nicht überwundenen falschen Glaubenssätze in den Sinn kommen. Nicht nur Ihr Selbst, sondern auch diese befinden sich in Ihrem Inneren. Deshalb müssen Sie hier besonders aufpassen, wer oder was Ihnen antwortet.

Für Ihr wahres Selbst gibt es eigentlich keine Hindernisse – außer, Sie erschaffen sich diese selbst. Der bekannte Philosoph Jean-Paul Sartre bezeichnete solche inneren Vorgänge sehr treffend mit dem Wort „Selbstbetrug". Sie erschaffen sich Ihre eigenen Fesseln und reden sich ein, dass es so richtig für Sie sei. Sie haben diverse solcher Sätze verinnerlicht, meist beginnen sie mit „Ich kann nicht", „Ich muss" oder „Ich darf nicht".

Gemeint sind nicht die Dinge, die Sie wirklich nicht können (zum Beispiel fliegen wie ein Vogel) oder die Sie tatsächlich müssen oder nicht dürfen (zum Beispiel müssen Sie Waren im Supermarkt bezahlen und Sie dürfen nicht in der falschen Richtung in eine Einbahnstraße fahren).

Was Sie tatsächlich nicht können, gehört aber gar nicht zu Ihrem Selbst; was Sie wirklich müssen oder nicht dürfen, ist in Wahrheit jedoch ein Teil Ihres Selbst, denn Sie haben es sich selbst ausgesucht, in einer Gesellschaft mit diesen Regeln zu leben.

Nicht zu jeder Zeit der Geschichte waren die gesellschaftlichen Regeln mit dem Selbst der Menschen vereinbar und in manchen Ländern der Welt sind sie es heute noch nicht – in diesen Fällen war bzw. ist das „Müssen" und „Nicht dürfen" natürlich kein Teil des Selbst, es sei denn, dass es durch den eigenen freien Willen angenommen wird. Meist war und ist es aber nicht der freie Wille, sondern die Angst, die die Menschen dazu treibt, derartige Umstände zu akzeptieren. Wie man daran sieht, dass in vielen Ländern Europas heutzutage demokratische Systeme mit Grundrechten be-stehen, während es vor einigen hundert Jahren noch Könige und Kaiser gab, die das Volk unterdrückten, können mutige Menschen, die sich selbst treu sind, viel verändern.

Nun aber genug mit dem Ausflug in Geschichte und Gesellschaftskunde und zurück zum „alltäglichen" Selbstbetrug unserer modernen Welt. **Welche Hindernisse gaukeln Sie Ihrem Selbst vor?** Vielleicht diese:

„Ich muss gut aussehen, wenn ich rausgehe."

„Meine Wohnung muss perfekt aufgeräumt sein, wenn Besuch kommt."

„Ich darf keine Musik hören, die meine Freunde nicht mögen."

„Ich muss in sozialen Netzwerken aktiv sein, um dazuzugehören."

„Ich muss angesagte Kleidung tragen."

„Ich muss ein schickes Auto fahren."

„Ich darf nicht meine Meinung sagen, sonst provoziere ich Streit."

„Ich kann nicht noch eine andere Ausbildung machen, dafür bin ich zu alt."

„Ich kann ohne meine/n Partner/in nicht leben."
„Ich muss ein Haus bauen, wenn ich eine Familie gründen will."

All das und Ähnliches ist kompletter Unsinn. Es gibt aber vielleicht auch Hindernisse, die vernünftig betrachtet tatsächlich bestehen, wie zum Beispiel, dass Sie gern Kinder haben möchten, aber keine/n Partner/in haben, oder dass Sie auswandern mochten, aber Ihnen dafür das nötige Geld fehlt. In solchen Fällen besteht zwar ein reales Hindernis, aber nur im Moment – es liegt in Ihrer Hand, auf Ihr Ziel hinzuarbeiten. Wenn Sie mit einem „Ich kann nicht" Ihren Traum begraben, gehen Sie für Ihr Selbst den falschen Weg. Stattdessen ist es Ihre Aufgabe, sich mögliche Lösungen zu überlegen, um Ihrem Wunsch näherzukommen.

Das meiste von dem, was im Moment unmöglich erscheint, ist in Wahrheit möglich, wenn Sie nur da-ran glauben, Ideen entwickeln und selbstbewusst Ihren Weg verfolgen. Selbst wenn Sie nicht an Ihr Ziel gelangen, sind Sie auf die Art immerhin Sie selbst, denn Sie tun etwas dafür, dass die Wünsche Ihres Inneren wahrscheinlicher werden.

„DIE RICHTIGEN ENTSCHEIDUNGEN"

Diese Übung hilft Ihnen direkt dabei, Ihr Leben in die richtige Richtung zu lenken. Außerdem gehen Sie mit ihrer Hilfe achtsamer durch das Leben und vermeiden vorschnelle Entschlüsse, die Sie hinter-her bereuen.

Versetzen Sie sich zunächst wieder in einen entspannten, ungestörten Zustand und treten Sie in Kontakt mit Ihrem Inneren. Selbstverständlich soll dieses nämlich für Sie nachdenken.

Zur Übung können Sie sich erst einmal in eine vergangene Situation versetzen, in der Sie eine Entscheidung treffen mussten und sich möglicherweise falsch entschieden haben. Es sollte eine Entscheidung sein, die Sie jetzt noch ändern könnten, wenn Sie möchten. Es muss aber nicht unbedingt leicht sein, sie zu ändern. Gehen Sie in den Moment der Entscheidung zurück und tun Sie so, als ob noch alles offen wäre. Jetzt nehmen Sie Papier und einen Stift zur Hand.

Wenn es eine Entscheidung für oder gegen etwas ist, fertigen Sie eine Liste mit zwei Spalten an und schreiben über eine ein Plus, über die andere ein Minus. Denken Sie dann über verschiedene Argumente nach und sortieren Sie diese in die Spalten ein – die Argumente, die für die Entscheidung sprechen, kommen in die Plus-Spalte, und die Punkte, die dagegensprechen, in die Minus-Abteilung. Besonders wichtige Argumente kreisen Sie ein oder markieren sie farblich.

Am Ende sehen Sie, wie viele Argumente für und gegen die Entscheidung sprechen. Bei Ihren besonders wichtigen Argumenten müssen Sie abwägen, wie bedeutend diese wirklich für Ihr Leben sind und ob Sie dafür ggf. die Nachteile in Kauf nehmen möchten.

Wenn es darum geht, Ideen für ein Vorhaben oder Lösungen für ein Problem zu entwickeln, legen Sie hingegen eine Mindmap an. In die Mitte schreiben Sie das Problem oder das Vorhaben und umrahmen dies mit einem Kreis oder einer Wolke. Drumherum schreiben Sie dann Ihre Ideen oder Lösungen. Umrahmen Sie diese auch und verbinden Sie sie jeweils durch eine Linie mit dem Problem bzw. dem Vorhaben. Anschließend überlegen Sie sich, welche Ideen bzw. Lösungen mit welchen Vor- und Nach-teilen verbunden sind, wie sie umgesetzt werden können und welche (echten!) Hindernisse es gibt. Markieren Sie positive Aspekte in Grün und negative in Rot (oder in anderen Farben Ihrer Wahl).

Schauen Sie dann auf die Ideen bzw. Lösungen, die viele positive und wenige negative Aspekte haben. Unter ihnen befindet sich die Lösung bzw. Idee, die am besten zu Ihnen passt – spielen Sie die Möglichkeiten im Kopf durch und entscheiden Sie sich für die, bei der Sie das beste Gefühl haben. Verwerfen Sie die anderen aber nicht gleich, denn es ist immer gut, einen Plan B und C zu haben.

Um es nochmal deutlich zu erwähnen (weil es sehr, sehr wichtig ist):

Es geht um Ihre EIGENEN Entscheidungen, um IHR Leben. Lassen Sie sich nicht von äußeren Faktoren oder blockierenden Glaubenssätzen beeinflussen. Wägen Sie einzig und allein als Sie selbst ab. Ihr Selbst muss schließlich mit Ihren Entscheidungen zurechtkommen.

Das Einzige, was Ihren Entscheidungen eine Grenze setzt, sind (selbstverständlich) rechtliche Vor-schriften, realistische Möglichkeiten sowie der Respekt für andere Lebewesen. Sie selbst zu sein heißt nicht, egoistisch zu sein. Wenn Sie durch etwas, das Sie wollen, andere Menschen, Tiere, Pflanzen oder die Umwelt schädigen würden, wäre das sicher nicht im Sinne Ihres wahren Selbst – denn auf dem Nachteil anderer kann man nichts wahrhaft Gutes aufbauen. Die Seele ist (zumindest nach dem Glauben vieler Philosophen) von Grund auf gut und möchte keinen Schaden anrichten, sodass Ihr Gewissen Sie immer plagen würde.

Unterziehen Sie daher jede Entscheidung nochmal einer „Verträglichkeitsprüfung" und wandeln Sie sie ggf. so ab, dass auch Ihr Gewissen damit zufrieden ist. Fragen Sie sich, wenn Sie Unverträglichkeiten erkennen: Ist es für mein Leben oder meine Gesundheit erforderlich, dass ich das tue? Wie groß oder klein sind die Auswirkungen meiner Entscheidung? Gibt es andere Möglichkeiten, um das gleiche oder ein gleichwertiges Ziel zu er-reichen? Was kann ich tun, um die negativen Auswirkungen zu kompensieren?

Wenn Sie sich nicht in die Vergangenheit versetzen möchten, können Sie mit den beschriebenen Methoden auch direkt im Hier und Jetzt starten. Gibt es gerade etwas, für oder gegen das Sie sich entscheiden müssen? Gibt es ein Problem, das Sie lösen möchten, oder ein Ziel, das Sie erreichen wollen? Ganz sicher gibt es dies. Dann los – für den Anfang sollten Sie sich aber etwas Einfacheres aussuchen, Sie üben ja noch. Im Hier und Jetzt gilt natürlich: Wenn Sie sich über eine Entscheidung klar geworden sind, setzen Sie diese auch in die Realität um! Sie wollen ja als Sie selbst leben.

Ab jetzt nehmen Sie sich für jede Entscheidung Zeit und denken genau darüber nach, was für Sie selbst das Beste ist. Auch wenn es einige Arbeit bedeutet, sollten Sie zu Anfang (solange es noch nicht selbstverständlich für Sie ist, Sie selbst zu sein) immer eine Pro-Contra-Liste oder eine Mindmap anfertigen. Wenn Sie nur im Kopf über eine Entscheidung nachdenken, verlieren Sie schnell den Überblick und wählen dann womöglich doch den falschen Weg.

Es kommt natürlich auch darauf an, wie wichtig eine Entscheidung ist. Bereits so vermeintlich alltägliche Dinge wie der Kauf eines neuen Handys sollten wohlüberlegt sein (brauchen Sie dieses wirklich oder haben Sie nur aus der Werbung oder von Ihren Bekannten den Eindruck, dass Sie es brauchen?).

Erst recht natürlich sollten Sie Entscheidungen, wie zum Beispiel eine Trennung, einen Umzug, die Gründung einer Familie oder einen Jobwechsel, gut durchdenken. Insbesondere auch in Krisensituationen ist es sehr wichtig, die richtigen Entscheidungen für sich selbst zu treffen. Mit dieser Methode überblicken Sie vernünftig und distanziert von Ihren Gefühlen die Lage und können so mit einem kühlen Kopf bessere Lösungen finden.

Für Situationen wie die Frage, ob Sie Schoko- oder Vanille-Eiscreme (oder beides) essen möchten, brauchen Sie dieses Verfahren hingegen nicht. Auch in so banalen Situationen sollten Sie aber einmal kurz in sich gehen und sich selbst fragen, was Sie wirklich wollen. Zu leicht passiert es sonst, dass Sie einfach das tun, was die anderen tun – das gilt übrigens im Kleinen wie im Großen. Und Sie wollen ja kein Mitläufer sein, oder? Also, immer schön selbst nach-denken.

„INNEREN WIDERSTREIT AUFLÖSEN"

Aber was ist eigentlich, wenn sich „zwei Seelen in Ihrer Brust" streiten? Wenn zwei (oder sogar mehr) Dinge, die Sie gern tun würden, sich widersprechen? Vielleicht möchten Sie einen besser bezahlten Job ausüben, aber andererseits möchten Sie Ihre aktuellen Kollegen nicht verlieren. Vielleicht ist es Ihnen wichtig, über Ihre Freizeit vollkommen frei zu bestimmen, jedoch wollen Sie auch eine/n Partner/in und Kinder haben. Vielleicht möchten Sie die Umwelt schützen, aber gern bequem mit Ihrem Auto überall hinfahren. Vielleicht sind Sie zu einer Party eingeladen, doch an dem Abend so erschöpft, dass Sie am liebsten zuhause auf der Couch bleiben würden. Möglicherweise möchten Sie auch einfach zwei Filme sehen, die zur selben Zeit ausgestrahlt werden.

Es geht jeweils nur das eine oder das andere. Was also tun? Sie entsprechen und widersprechen Ihrem Selbst in jedem Fall. Sie machen es also in jedem Fall richtig, aber auch falsch – oder?

Das kann doch eigentlich nicht sein. Sie selbst können doch nur eines von den Dingen, die sich wider-sprechen, wirklich wollen. Ist der andere Wunsch vielleicht von falschen Glaubenssätzen beeinflusst? Das müssen Sie als Erstes herausfinden, und zwar mit der folgenden Methode:

Schreiben Sie jeweils einen Wunsch oben auf einen Zettel. Darunter notieren Sie, warum Sie diesen Wunsch gern in die Tat umsetzen würden. Nehmen Sie sich Zeit und gehen Sie tief in sich. Möglich ist, dass Ihnen bei einem Wunsch nun schon kein Argument mehr einfällt, weil Sie wirklich nur als Sie selbst antworten. Möglich ist auch, dass bei allen Wünschen diverse Argumente kommen.

Wenn Sie mit dem Schreiben fertig sind, lesen Sie sich alles nochmal in Ruhe durch. Markieren Sie sich die Argumente, die Sie (als Sie selbst) wichtig finden, in einer Lieblingsfarbe. Fragen Sie sich bei jedem Argument auch, ob SIE das wirklich wollen oder ob es, vernünftig betrachtet, für Sie und Ihr Leben oder die Welt einen Nutzen hat. Wenn die Antwort auf all das „nein" lautet, streichen Sie dieses Argument gleich durch.

Anschließend schauen Sie sich an, was von den sich widersprechenden Wünschen übriggeblieben ist. Vielleicht hat einer schon keine Argumente mehr. Dann ist der Fall klar – dieser Wunsch war nicht Ihrer und Sie können ihn getrost vergessen. Vielleicht bleiben aber auch bei beiden (bzw. allen) Wünschen mehrere Argumente stehen, möglicherweise sogar wichtige. Dann haben Sie sich entweder nicht kritisch genug hinterfragt oder es ist tatsächlich ein Fall, in dem Sie selbst **widersprüchliche Wünsche** haben. Sie haben dann **zwei Möglichkeiten**:

1. Können Sie **beide bzw. alle Wünsche irgendwie unter einen Hut bringen**? Zum Beispiel könnten Sie nach dem Jobwechsel privat mit Ihren Kollegen in Kontakt bleiben oder sich ein Auto mit umweltfreundlichem Antrieb kaufen, um bequem zur Arbeit zu fahren.

2. Wenn die erste Lösung nicht funktioniert, wie beispielsweise bei der Frage „Familie oder Freiheit", oder wenn Sie nicht genug Geld für ein neues Auto haben, müssen Sie **auswählen**. Betrachten Sie die Argumente der verschiedenen Wünsche erneut und vergleichen Sie. **Setzen Sie sich mit jedem Punkt intensiv auseinander**. Fragen Sie sich dabei jeweils, wie wichtig dieses Argument wirklich im direkten Vergleich mit den Argumenten des entgegenstehenden Wunsches ist. Beziehen Sie immer sowohl Ihren Willen als auch Ihre Vernunft in die Frage ein – denn auch die Vernunft ist ein Teil Ihres Selbst.

Die Argumente, die in diesem Vergleich keinen Bestand haben, streichen Sie gleich durch. Zum Beispiel steht beim Autofahren noch „spart Zeit", „es ist egal, welches Wetter ist", „ist bequem" und „strengt mich nicht an". Beim Zufußgehen oder Radfahren im Sinne der Umwelt steht hingegen beispielsweise „ich trage zum Klimaschutz bei", „ich erhalte die Welt für zukünftige Generationen", „ich tue etwas für meine Fitness" und „spart Geld". Es liegt auf der Hand, dass die Umweltschutz-Argumente jene Argumente auf der anderen Seite überwiegen (Zumindest, wenn Ihr Selbst verantwortungsbewusst und vernünftig ist).

Nach dem Vorgang **betrachten Sie Ihr Gesamtergebnis**. Bei welchem Wunsch stehen mehr Argumente? Hat ein Wunsch wenige Argumente, entspricht er wohl doch nicht so sehr Ihrem Selbst wie der andere. Bei einem Gleichstand ist Ihr Selbst anscheinend flexibel – entscheiden Sie dann aus dem Bauch heraus. Auch hier gilt es natürlich, den Respekt gegenüber anderen Lebewesen zu wahren.

Beobachten Sie sich achtsam – immer, wenn Sie einen Widerstreit in sich bemerken, wenden Sie diese Übung an. Natürlich ist auch hier nicht gemeint, dass Sie sich mit unbedeutenden Dingen, wie zum Beispiel dem Fernsehprogramm, beschäftigen, sondern es geht um die Entscheidungen, die für Ihr Leben wichtig sind. Kleine Situationen sind aber gut geeignet, um daran zu üben – am besten fangen Sie jetzt gleich an.

„DIE SIGNALE IHRER SEELE"

Diese Übung basiert stark auf Achtsamkeit. Sie sollen hierbei aber nicht achtsam Ihre Umgebung wahrnehmen, sondern die Regungen Ihrer Seele. Das ist gar nicht so schwer, wie es sich anhört – denn Ihre Seele spricht zu Ihnen. Sie benutzt dafür meist aber keine Worte, sondern gibt Ihnen spürbare Signale – Ihre Gefühle.

Vielleicht ist Ihnen schon aufgefallen, dass Sie sich manchmal unerklärlich fröhlich, leicht und energiegeladen fühlen und andere Male genervt, niedergeschlagen und antriebslos sind. Möglicherweise haben Sie sogar plötzlich Bauchschmerzen, Nervenzucken oder Stiche durch den Kopf – dann haben Sie wohl die weniger auffälligen Signale nicht bemerkt und Ihre Seele schreit nun um Hilfe. Es gibt auch noch die Variante, dass Sie sich undefinierbar „komisch“ (aber nicht zum Lachen) fühlen, irgendwie fremd und wie eine leere Hülle, aber äußerlich glücklich wirken und sich ein-reden, dass Sie es auch wären. Achten Sie ab sofort immer ganz genau darauf, wie Sie sich fühlen.

Zuvor aber müssen Sie lernen, die Signale Ihrer Seele zuverlässig zu unterscheiden. Dafür tun Sie zu-nächst etwas, wovon Sie wissen, dass es Sie selbst wirklich glücklich macht, oder versetzen sich in einen Moment zurück, in welchem Sie innerlich vollkommen erfüllt waren. Empfinden Sie das Gefühl ganz bewusst und merken Sie sich, wie es sich anfühlt, wenn es durch Ihren Körper strömt.

Danach tun Sie etwas, wobei Sie nicht glücklich sind, oder versetzen sich in eine entsprechende Situation zu-rück. Spüren Sie auch dieses Gefühl intensiv und merken Sie es sich. Bestimmt erinnern Sie sich aus einer der vorigen Übungen auch an eine Situation, in der Sie glaubten, Sie müssten glücklich sein, aber inzwischen wissen, dass Sie da nicht Sie selbst waren. Prägen Sie sich auch dieses Gefühl gut ein. Dies ist sogar am wichtigsten, denn die Welt hat allzu leicht einen trügerischen Einfluss auf Ihre Wahrnehmung (nicht aber Ihr Selbst, nur, dass dieses sich dann versteckt).

Wenn Sie sich sicher sind, jedes dieser Signale identifizieren zu können, achten Sie in jedem Moment Ihres Alltags auf Ihre Gefühle. Auch ein Notizblatt und einen Stift sollten Sie immer dabeihaben, denn Sie sollten sich aufschreiben, wie Sie sich in welcher Situation fühlen.

Wenn die Situation es zulässt, gehen Sie sofort in sich, um herauszufinden, was gerade richtig oder falsch läuft (insbesondere das „Falsch“ ist wichtig).

Wenn nicht, setzen Sie sich abends mit Ihren Notizen hin und denken darüber nach. Es gilt, herauszufinden, welche Aspekte der Situationen Sie bzw. Ihr Selbst glücklich oder unglücklich machen. Gehen Sie in Gedanken die einzelnen Aspekte durch und befragen Ihr Selbst, was es von diesen hält. Ihre Erkenntnisse notieren Sie sich bei der jeweiligen Situation. Sie helfen Ihnen, Ihr Leben zu verändern.

Die Situationen und Aspekte, mit denen Sie sich wirklich wohlfühlen, sollten Sie so oft wie möglich in Ihr Leben einbauen. Die anderen sollten Sie entweder vermeiden oder für sie Lösungen finden, wie Sie sie so verändern können, dass Sie sich dabei gut fühlen.

Falls sich eine Situation weder vermeiden noch verändern lässt, müssen Sie lernen, damit umzugehen. Ignorieren Sie die Aspekte, die Sie stören, so weit wie möglich. Wenn die Situation Vorteile hat, hilft es, sich diese vor Augen zu halten. Ansonsten ist es empfehlenswert, an etwas anderes (Positives) zu denken, während Sie in der Situation sind. Und vor allem ist eines wichtig: Die Situation dauert mit großer Wahrscheinlichkeit nicht den ganzen Tag. Den Rest des Tages tun Sie dann etwas, das Ihr Selbst glücklich macht. Und während der Situation seien Sie sich trotzdem Ihres Selbst bewusst (bzw. seien Sie selbstbewusst). Denn Ihr Selbst steht über allen Dingen. Ihm kann keiner etwas anhaben. Es bleibt immer bei Ihnen.

Mit diesem Bewusstsein stehen Sie auch unangenehme Situationen durch und lassen an sich abprallen, was Sie nicht haben wollen. Achten Sie insbesondere auch auf die Fälle, in denen Sie oberflächlich glücklich erscheinen, aber sich innerlich nicht wie Sie selbst fühlen. Lassen Sie sich nicht in die Irre führen. Vermeiden Sie solche Situationen möglichst. Wenn das nicht geht, nehmen Sie sich am besten einen „Anker“ mit, um sich immer wieder zu sich selbst zurückzurufen.

„ICH MACH'S AUF MEINE ART!“

Wie sehr Sie sich selbst verloren haben, können Sie wahrhaftig sehen. Dafür müssen Sie sich nur mal in Ihrer Wohnung umschauen. Fast jeder hat bei sich zuhause Dinge, die nicht zu ihm passen. Sie nehmen Platz weg, nicht nur in Ihrer Wohnung, sondern auch Ihrem Selbst.

Solche Dinge führen zur Selbstentfremdung, denn Sie umgeben sich ständig mit etwas, das Ihnen gar nicht entspricht. Fehlkäufe, Geschenke, unnötige Andenken oder Sachen, die man nur gekauft hat, um anderen zu gefallen – all das türmt sich um Sie herum auf und erstickt Ihr wahres Selbst. Die meisten dieser Utensilien befinden sich in aller Regel im Kleiderschrank, aber auch im Badezimmer, in der Küche, im Bücherschrank oder im CD-Regal. Vielleicht stehen und liegen sie aber auch überall in Form von kitschigen Deko-Artikeln herum.

Gehen Sie nun einmal aufmerksam durch Ihre Wohnung bzw. Ihr Haus. Schauen Sie sich alles genau an und öffnen Sie auch Schranktüren, Schubladen und Kisten. Wie fühlen Sie sich, wenn Sie die Dinge ansehen und in den Händen halten? Ist es ein warmes, natürliches Gefühl, behalten Sie die Sache.

Wenn Sie sich aber unwohl fühlen oder den Eindruck haben, es handelt sich um einen Fremdkörper oder wenn Sie sogar wissen, dass Sie diese Sache niemals wirklich selbst haben wollten, dann trennen Sie sich von ihr (Natürlich nicht bei Berufsbekleidung und nicht, wenn es sich um ein Lebewesen wie ein Haustier oder eine Pflanze handelt, die Sache jemand anderem gehört oder Sie sie von einem lieben Menschen geschenkt bekommen haben, den Sie nicht verletzen möchten). Vielleicht finden Sie aber auch Sachen wieder, die Sie mögen und lange versteckt haben, weil Sie dachten, sie würden anderen nicht gefallen. Holen Sie sie heraus und geben Sie ihnen einen Platz in Ihrem Leben.

Die aussortierten Dinge werfen Sie bitte nicht einfach weg, denn das wäre eine Missachtung gegenüber allen Menschen, die sich nichts leisten können. Verschenken Sie sie lieber oder verkaufen Sie sie gebraucht zu einem günstigen Preis. Was Sie nicht gleich loswerden, können Sie in Umzugskartons im Keller verstauen, bis sich vielleicht doch ein Abnehmer findet.

Bei Kleidungsstücken und Accessoires können Sie, wenn Sie möchten, zuvor noch eine Anprobe-Session machen. Sie werden sicher vieles finden, das Ihrem wahren Selbst nicht entspricht, und sich freier fühlen, wenn Sie es losgeworden sind. Wenn es sich um Kleidung oder sonstige notwendige Dinge handelt, sollten Sie sich natürlich etwas Neues anstelle der aussortierten Sachen kaufen – achten Sie dann gleich darauf, nur das zu kaufen, was Sie selbst wirklich gut finden. Wenn Sie nur wenig Geld haben, geht das Aussortieren und Kaufen natürlich nur langsam in kleinen Etappen, aber so werden Sie nach und nach immer mehr zu sich selbst. Möglichst sollten Sie bei den neuen Sachen darauf achten, dass sie unter fairen Bedingungen und um-weltverträglich hergestellt wurden, denn so tun Sie gleichzeitig sich selbst und der Welt etwas Gutes.

Schauen Sie sich auch die Filme in Ihrem DVD-Regal nochmal an und hören Sie Ihre CDs und/oder Ihre Playlist durch. Was davon entspricht wirklich Ihnen selbst? Was mögen Sie und fühlen Sie sich dabei wohl? Musik ist mindestens ebenso wichtig wie Kleidung und Einrichtung, denn sie steht in direkter Verbindung mit dem Inneren. Welche Songs, Sänger/innen oder Bands gefallen Ihnen wirklich und welche haben Sie sich nur angehört, weil sie beliebt sind? Hören Sie auch bewusst Radio und schalten Sie verschiedene Sender ein.

Lassen Sie sich dabei nicht von Ihrem Alter irritieren. Genauso, wie es Unsinn ist, dass man in einem bestimmten Alter eine bestimmte Mode tragen muss, darf man als 20-Jähriger durchaus zum Beispiel Rockbands aus den 1960ern oder als 60-Jähriger eine junge Pop-Gruppe hören. Sie sind vollkommen frei. In Zukunft kaufen Sie sich nur noch die Musik, bei der Sie sich wirklich wohlfühlen. Machen Sie einfach alles auf Ihre Art. Keiner hat das Recht, Ihnen reinzureden.

Beobachten Sie auch Ihr Verhalten im Alltag. In welchen Situationen passen Sie sich an bzw. verhalten Sie sich so, wie Sie denken, dass Sie anderen gefallen oder zumindest nicht missfallen? Was machen Sie mit, obwohl es Ihnen eigentlich keinen Spaß macht oder Sie sogar dagegen sind? Wann sagen Sie nicht Ihre ehrliche Meinung? Ab sofort sollten Sie immer Sie selbst sein und dazu stehen. Das ist natürlich schwer, solange Sie auf das Urteil anderer Wert legen und Angst haben, nicht mehr dazuzugehören – doch je mehr Sie Sie selbst sind, desto mehr schwindet diese Einstellung. Ihre Entwicklung geht also Zug um Zug. Nehmen Sie sich pro Woche (oder bei Bedarf auch in einem längeren Zeitabschnitt) eine Situation vor, in der Sie nicht Sie selbst sind, und ändern Sie Ihr Verhalten.

Fangen Sie mit etwas Einfacherem an, zum Beispiel in Gesellschaft etwas zu essen oder zu trinken, das Sie wirklich gern mögen, aber die anderen nicht, oder ehrlich zu sagen, wenn Ihnen die Zeit für eine Verabredung nicht passt. Indem Sie auf kleinen Schritten aufbauen, steigern Sie Ihr Selbstbewusstsein und wagen nach und nach immer mehr.

Natürlich sollten Sie Kompromisse machen, um Menschen, die Ihnen lieb und teuer sind, nicht zu verletzen (zum Beispiel Ihrer Oma nicht die Einladung zu Kaffee und Kuchen ausschlagen, auch wenn Sie am Sonntagnachmittag eigentlich lieber eine Fahrradtour unternehmen würden).

Denken Sie trotz (oder gerade wegen) Ihrer Selbstfindung daran, dass andere Menschen genauso viel Wert haben wie Sie und es verdienen, glücklich zu sein. Sie sollen lediglich Sie selbst sein und sich nicht verstellen, aber dazu gehört sicher auch, dass Sie liebe Familienmitglieder und Freunde respektieren. Solche lieben Menschen erwarten im Allgemeinen auch nichts von Ihnen, das Ihr Selbst stark beeinträchtigt (kleine Kompromisse sind durchaus zu verkraften, im Gegenzug machen die anderen für Sie sicher auch welche).

Wer Sie nicht respektiert, wie Sie sind, den können Sie aber ruhig mit Absicht in Erstaunen versetzen – machen Sie (solange es niemandem schadet) einfach mal genau das Gegenteil von dem, was diese Menschen von Ihnen erwarten. Und dann belustigen Sie sich an den wahrscheinlich sehr empörten Reaktionen.

Schauen Sie nun auch nochmal in den Spiegel. Gekleidet sind Sie jetzt hoffentlich in Sachen, die Ihrem Selbst entsprechen. Aber was ist mit Ihrer Frisur? Gefallen Sie sich damit wirklich? Oder haben Sie sie nur, weil Sie denken, als Mann oder Frau müssten Sie so aussehen? Oder vielleicht, weil sie gerade in Mode ist? Oder sogar, weil Ihnen jemand gesagt hat, Sie müssten Ihre Haare so tragen? Fühlen Sie sich mit Ihrer Frisur wirklich wie Sie selbst? Es sind immerhin Ihre Haare, es ist Ihr Kopf, da sollte alles zu Ihrem wahren Selbst passen.

Wenn das nicht so ist, dann ändern Sie es. Das innere Selbst ist zwar nicht abhängig von Äußerlichkeiten, sondern bleibt immer gleich, aber es fühlt sich nicht wohl, wenn Sie sich anders zurechtmachen, als es ihm entspricht. Nicht nur für die Frisur gilt das natürlich, sondern auch zum Beispiel für den Bart bei Männern und das Make-up (oder sollte ich sagen: die Maske) bei Frauen.

Wenn Sie sich morgens (oder später am Tag) fertigmachen, betrachten Sie sich nur mit Ihren eigenen Augen. Gehen Sie nicht danach, was andere von Ihnen halten könnten. Wer jemand anderen aufgrund seines Aussehens schief anguckt, verdient es nicht, dass man über ihn nachdenkt. Immer, wenn Sie sich bei dem Gedanken ertappen, „ob Sie so losgehen können", mal wieder ewig versuchen, eine Hautrötung zu kaschieren oder eine unwillige Haarsträhne zu bändigen, sollten Sie sich zur Strafe die Zunge rausstrecken und extra mit zotteligen Haaren losgehen, die Jacke falsch herum anziehen oder zwei unterschiedliche Schuhe tragen.

Eine Ausnahme gilt natürlich leider, wenn Sie in Ihrem Job be-stimmte Kleidung tragen oder sich auf bestimmte Art zurechtmachen müssen. Sehen Sie dies dann als das, was es ist – eine Verkleidung, die Sie an- und ausziehen, aber darunter Sie selbst bleiben. Wenn Ihr Chef Ihnen strenge Vorschriften macht (zum Beispiel Rockzwang für Frauen oder kurze Haare für Männer) oder Sie sich absolut nicht wohlfühlen, sollten Sie aber darüber nachdenken, sich einen Job zu suchen, bei dem Sie so aussehen dürfen wie Sie selbst.

„WEG MIT DEN GEWOHNHEITEN, ODER: SELBSTFINDUNG WIE EIN KIND"

Erinnern Sie sich noch, wie Sie als Kind herausgefunden haben, was Sie gern tun? Sie haben einfach diverse Dinge ausprobiert. So lernt ein Kind, was es selbst gut findet und kann – indem es unvoreingenommen testet. Als Erwachsener hat man diese Unvoreingenommenheit verloren und ist gefangen in Gewohnheiten, die nicht immer (oder vielmehr sehr selten) dem eigenen Selbst entsprechen.

Holen Sie sich jetzt die Unvoreingenommenheit des Kindes, das Sie einmal waren, zurück. Seien Sie mutig und lassen Sie sich neue Erfahrungen sammeln. Gehen Sie offen und ohne Vorurteile auf neue Situationen, unbekannte Menschen, Aktivitäten, Orte, Speisen und vieles mehr zu. Probieren Sie ein-fach aus, wie Ihnen das Neue gefällt. Lassen Sie sich dabei von niemand anderem beeinflussen.

Bewerten Sie ausschließlich als Sie selbst, wie Sie die neue Erfahrung finden. Wenn sie Ihnen gefällt, sollten Sie sie wiederholen, und wenn nicht, wissen Sie, was Sie nicht mögen. In beiden Fällen lernen Sie sich selbst besser kennen. Gleichzeitig steigern Sie Ihren Optimismus und Ihr Selbstvertrauen durch diese Übung. Denn nur das Bekannte zu machen oder das zu tun, was alle tun, ist sehr leicht. Es stellt keine Herausforderung und kein Risiko dar. Sie wissen, was Sie erwartet und dass Sie nicht anecken.

Auch wenn es Sie nicht glücklich macht, bietet Ihnen dieser Trott eine Sicherheit. Eine Sicherheit, die faul macht und Selbstzweifel verursacht. Wenn Sie sich trauen, etwas Neues auszuprobieren, fühlen Sie sich freier, werden spontaner, selbstsicherer und gewinnen ein Gefühl dafür, was es heißt, als Sie selbst Entscheidungen zu treffen.

Nehmen Sie sich ab sofort für jede Woche oder in einem Zeitraum Ihrer Wahl eine neue Sache vor, die Sie ausprobieren möchten. (Natürlich nichts, von dem Sie wissen, dass es Ihnen keinen Spaß macht, Sie es nicht können oder es Ihnen nicht bekommt. Es geht ja darum, et-was Neues zu machen, und nicht darum, sich wissentlich in Unzufriedenheit oder Gefahr zu begeben.)

Außerdem sollten Sie öfters Ihre Gewohnheiten ändern. Denn auch Gewohnheiten führen dazu, dass Sie sich wenig zutrauen, und bergen die Gefahr, dass Sie sich selbst blockieren. Gewohnheiten sind Handlungen, die Sie immer auf die gleiche Art durchführen, zum Beispiel der Ablauf am Morgen, die Strecke zum Joggen, der Weg zur Arbeit, der Montags-Krimi, die Zigarette nach dem Essen oder der obligatorische Blick in den Spiegel vor dem Losgehen.

Beobachten Sie sich mal während ein paar Tagen und Sie werden merken, wie viele Gewohnheiten Sie haben. Die Übung besteht nun darin, es „ein-fach" anders zu machen. Einfach ist das allerdings gar nicht, denn die Gewohnheiten sind so tief in Ihrem Gehirn verankert, dass sie vollautomatisch aktiv werden – so, wie es auch bei den Glaubenssätzen ist. Aber wenn Sie sich stark konzentrieren und beherrschen, können Sie das gewohnte Handeln unterbinden.

Probieren Sie das immer mal wieder bei der einen oder anderen Gewohnheit. So bleiben (oder werden) Sie flexibel, achtsam und ein freier Mensch.

Wenn Sie selbst bestimmte Dinge gern tun, können und sollen Sie natürlich immer wieder dazu zu-rückkehren. Aber alles, was Sie tun, sollte immer aus einer freien Entscheidung heraus geschehen, auch wenn Sie es noch so gern tun. Denn Gewohnheit bedeutet Zwang und Zwang macht das kaputt, was eigentlich Spaß machen könnte.

Vielleicht merken Sie auch, dass Sie manche Gewohnheiten gar nicht so sehr vermissen – dann hatten Sie sich diese wahrscheinlich nur aus einer falschen Überzeugung angeeignet, die nicht Ihrem Selbst entsprach. Solche Gewohnheiten sollten Sie sich selbstverständlich abgewöhnen.

DAS HABE ICH IN DIESEM KAPITEL ÜBER MICH GELERNT

Schritt 6: Die eigenen Fähigkeiten kennenlernen

Ein Faktor von enormer Wichtigkeit auf dem Weg zu Ihrem Selbst, oder zu Ihrer Selbstverwirklichung, ist das Auffinden Ihrer Talente, Stärken und Interessen. Nur, wenn Sie diese kennen, können Sie ein erfülltes Leben führen – ob im Beruf oder in der Freizeitbeschäftigung. Ihre wahren Fähigkeiten entsprechen Ihrem wahren Inneren.

Wenn Sie etwas tun, das nicht unter Ihre wahren Fähigkeiten fällt, fühlen Sie sich nicht wie Sie selbst und somit nicht glücklich. Handeln Sie aber gemäß Ihren Talenten, Stärken und Interessen, sind Sie im Einklang mit Ihrem Inneren, sodass Ihre Zufriedenheit steigt.

Ihre Fähigkeiten zu kennen ist darüber hinaus aber auch wichtig, um an sich zu glauben. Wenn Sie wissen, was Sie können und mögen, tragen Sie ein Gefühl der Verlässlichkeit in sich – Sie können auf sich selbst vertrauen. Das ist eine sehr wichtige Voraussetzung, um Ihren Weg zu gehen und sich nicht davon abbringen zu lassen. Deshalb möchte ich Ihnen jetzt einige Übungen vorstellen, mit denen Sie Ihre eigenen Fähigkeiten erkennen können.

SELBSTVERWIRKLICHUNG IM BERUF

Da der Beruf im Allgemeinen den größten Teil der Lebenszeit einnimmt, ist es für Ihre innere Erfüllung sehr wichtig, dass er Ihnen so weit wie möglich entspricht. Vielleicht gehören Sie zu den wenigen glücklichen Menschen, die einen Job haben, der ihren Kompetenzen und Interessen entspricht. Dann haben Sie die richtige Wahl getroffen – viele von uns arbeiten aber in einem Berufsalltag, in welchem sie Dauerstress ausgesetzt sind, der sie unter- oder überfordert oder in dem sie sich einfach nicht selbst verwirklichen können.

Möglicherweise haben Sie aber (bisher) auch nicht so ein Glück. Vielleicht ist Ihr Beruf an sich auch in Ordnung, aber die Arbeitsbedingungen stimmen nicht mit dem überein, was Sie sich wünschen. Auch dies ist ein großer Dämpfer für Ihr Selbst. Im vorigen Kapitel haben Sie bei Ihrer Selbstbefragung sicher schon ein paar Antworten in Bezug auf Ihre Zufriedenheit mit Ihrem Be-ruf bekommen. Nun beschäftigen wir uns ausführlicher mit dem Thema.

Beobachten Sie sich genau in Ihrem Beruf bzw. an Ihrem Arbeitsplatz und schreiben Sie sich am Ende des Tages auf, was Sie gut und was Sie schlecht fanden bzw. womit Sie gut zurechtgekommen sind und womit nicht. Gehen Sie nicht von einem einzigen Tag aus, denn schlechte Tage hat jeder mal und es gibt sie in jedem Beruf.

Beobachten Sie sich in Ihrer Arbeit über mehrere Wochen. Dann betrachten Sie Ihre Notizen und ziehen ein Resümee: Überwiegen die positiven oder die negativen Aspekte? Wenn die negativen Aspekte überwiegen, sollten Sie nach Möglichkeiten suchen, die Situation zu ändern. Überlegen Sie, welche Lösungen es geben könnte. Hierbei helfen die folgenden Fragen:

- Möchten Sie überhaupt in dieser Art Beruf weiterarbeiten oder etwas ganz anderes machen?
- Möchten Sie angestellt oder selbstständig sein?
- Wie weit möchten Sie für Ihre Arbeit fahren?
- Welche Arbeitszeiten wünschen Sie sich?
- Welche sonstigen Erwartungen (Kinderbetreuung, Fitnessangebote etc.) haben Sie von Ihrem Arbeitgeber?
- Wie sollte die Bezahlung sein?
- Welches Betriebsklima wünschen Sie sich?
- Welche weiteren Ansprüche haben Sie?

Schreiben Sie sich eine Wunschliste für Ihren Traumjob. Lesen Sie sich, wenn Sie mit der Art der Arbeit unzufrieden sind, am besten zuvor verschiedene Jobprofile durch. So gewinnen Sie einen Über-blick darüber, welche Berufe Sie interessant finden.

Anschließend fertigen Sie eine zweite Liste an, in der es darum geht, was Sie „zu bieten" haben. Listen Sie wie in einem Lebenslauf zunächst Ihre „Hard Skills" auf, also Ihre erlernten Kompetenzen. Da-nach folgen die „Soft Skills", das heißt Ihre persönlichen Eigenschaften, die für einen Beruf relevant sein könnten.

Hierunter fallen zum Beispiel Teamfähigkeit, Führungskompetenz, Einfühlungsvermögen, Lernbereitschaft, Pflichtbewusstsein oder Kontaktfreudigkeit. Aber woher wissen Sie, welche Soft Skills Sie haben? Ganz einfach: Beobachten Sie sich im privaten sowie beruflichen Alltag und denken Sie auch an Ihre Vergangenheit und daran, was Sie schon alles geleistet haben.

Im Anschluss legen Sie beide Listen nebeneinander. Widersprechen sich Punkte von der einen und der anderen Liste? Dann denken Sie darüber nach, welcher von beiden für Sie eine größere Rolle spielt (al-so zum Beispiel, ob Sie sich durch Weiterbildung oder Umschulung zusätzliche Fähigkeiten aneignen würden, um Ihren Traumjob zu bekommen, oder ob Sie bei Ihrem Traumjob Abstriche machen würden, um darin mit Ihren bisherigen Fähigkeiten klarzukommen). Setzen Sie jeweils den Punkt, den Sie als weniger wichtig erachten, in Klammern (nicht durchstreichen – wer weiß, vielleicht gibt es ja doch den „perfekten“ Job).

Nun fangen Sie an, in Jobportalen und sonstigen Quellen nach geeigneten Jobs zu suchen, die zu Ihren beiden Listen passen. Es erfordert sicher einige Zeit, bis Sie ein Angebot gefunden haben, das Ihnen entspricht.

Haben Sie also Geduld. Sie können aber auch gezielt nach Firmen suchen, bei denen Sie Ihren Traumjob finden könnten, und sich initiativ dort bewerben. Falls es Ihr Traum ist, sich selbst-ständig zu machen, gehen Sie natürlich anders vor – dann brauchen Sie keine Bewerbungen, sondern Ideen. Entwickeln und planen Sie Ihr Firmenkonzept, durchdenken Sie Ihre realen Möglichkeiten (insbesondere finanziell) und suchen Sie sich möglichst Hilfe von Freunden oder Verwandten.

Seien Sie sich klar darüber, dass Sie ein starkes Selbstvertrauen und einen gesunden Optimismus benötigen, um ein eigenes Unternehmen auf die Beine zu stellen (auch wenn Sie „nur“ als Solo-Selbstständige/r arbeiten wollen). Es braucht Mut, Disziplin und besonders am Anfang starke Nerven, den Schritt in die Unabhängigkeit zu wagen.

SELBSTFINDUNG IN DER FREIZEIT

Eine berufliche Veränderung dauert im Normalfall eine gewisse Zeit, vielleicht ist sie in nächster Zeit auch gar nicht umsetzbar. Möglicherweise möchten Sie sich beruflich auch gar nicht verändern. In jedem Fall sollten Sie aber Ihre Freizeit so gestalten, dass sie wirklich Ihnen selbst entspricht. Denn durch Ihre persönlichen Aktivitäten und Hobbys gewinnen Sie wertvolle Energie, die Sie gesünder, optimistischer und leistungsstärker werden lässt.

Wenn Sie nicht zufrieden mit Ihrem Beruf sind, erholen Sie sich durch die richtigen Freizeitbeschäftigungen von dem Stress. Wenn Sie bereits Ihren Traum-job haben, bringt Sie eine erfüllte Freizeit Ihrem Glück und Ihrem Selbst noch näher und gibt Ihnen Kraft, um alle Aufgaben des Lebens, wie zum Beispiel auch in der Familie, zu bewältigen.

Hobbys und Aktivitäten, die zu Ihnen passen, sind wie Wellness für die Seele. Bei der Wahl unserer Freizeitbeschäftigungen werden wir von der Außenwelt allerdings von Kind an fast genauso stark von der Außenwelt beeinflusst wie bei der Berufswahl.

Diese geistigen Fesseln gilt es jetzt, zu lösen, und die Talente und Interessen Ihres Selbst neu zu entdecken. Setzen Sie sich dafür zunächst an einen ruhigen, ungestörten Ort und machen Sie ein Brainstorming. Das heißt: Notieren Sie alle Beschäftigungen, die Ihnen spontan in den Sinn kommen. Wirklich alle – sowohl die Dinge, von denen Sie wissen, dass Sie sie gut können, als auch solche, für die Sie sich einfach interessieren oder die Sie bewundern.

Sie sollten das ein paar Tage nacheinander immer mal wieder tun, denn meist fällt einem nicht alles auf einmal ein. Dann schauen Sie sich Ihre Notizen in Ruhe an. Vermutlich ist es eine Mischung aus Skurrilem, Fantastischem, auch teilweise nicht sofort Umsetzbarem und Träumereien, aber vor allem auch viel realistisch Machbarem und Schönem. Und mit Sicherheit werden Sie auch Ihre wahren Talente mit aufgeschrieben haben.

Vielleicht hatten Sie das Glück, sich als Kind individuell entfalten zu dürfen, und haben daher schon mal Ihre Talente ausgelebt. Vielleicht schlummern sie aber auch noch tief im Verborgenen und warten darauf, von Ihnen gefunden zu werden. Möglicherweise befinden sich unter Ihren Talenten genau die Tätigkeiten, von denen Sie immer geträumt, doch sich nie an sie herangetraut haben, oder jene, die Sie als „Kinderkram" einfach verdrängt haben. Trauen Sie sich jetzt, Sie selbst zu sein und sich (wieder) zu entdecken.

Nehmen Sie sich Ihre Notizen noch einmal genauer vor. Streichen Sie alles durch, was Sie doch zu absurd finden oder nicht wirklich machen möchten. Seien Sie bei Ihrer Entscheidung jedoch nicht vor-schnell, sondern fühlen Sie in sich hinein. Aus so mancher „verrückten" Idee ist schon eine bahnbrechende Erfindung geworden, warum sollten Sie dann also nicht ein paar ungewöhnliche Interessen haben. Lassen Sie lieber ein paar mehr stehen als zu wenige. Nicht, dass Sie aus Versehen ein wahres Talent streichen.

Sie können aber auch Tätigkeiten streichen, die Sie zwar gut können und in denen Sie somit eigentlich begabt sind, aber an denen Sie keinen Spaß haben. Aktivitäten auszuüben, die man gut kann, und dafür bewundert zu werden, gibt einem zwar oberflächlich ein gutes Gefühl, aber dem Selbst entspricht es nicht (Sie erinnern sich bestimmt an das Beispiel mit dem Catering-Service). Umgekehrt können Aktivitäten, in denen Sie (noch) nicht gut sind, aber die Ihnen Freude machen, Talente Ihres Selbst sein.

Talente sind Fähigkeiten, die Sie von Geburt an besitzen; das heißt aber nicht, dass Sie sie bisher schon ausüben oder ausgeübt haben. Jedes Talent muss erst entdeckt werden. Sie haben auch nicht automatisch dieselben Talente wie Ihre Eltern oder Großeltern, denn die persönlichen Eigenschaften werden nicht einfach nur durch Vererbung weitergegeben, sondern kommen zum großen Teil aus der Seele.

Und nur die Fähigkeiten, die aus der Seele kommen, machen Sie selbst wirklich glücklich. Wenn dies in Ihrer Kindheit nicht berücksichtigt wurde, sondern Ihnen die Talente Ihrer Verwandten nahe-gelegt wurden, kennen Sie möglicherweise noch nicht das Gefühl, etwas zu tun, das Sie selbst voll und ganz erfüllt – dann wird es jetzt aber höchste Zeit dafür.

Alles, was stehenbleibt, rahmen Sie mit verschiedenen Farbstiften ein. Für Ihre absoluten Favoriten nehmen Sie Ihre Lieblingsfarbe, für die zweitliebsten Ideen Ihre zweitliebste Farbe und so weiter. Übertragen Sie die Ideen jeweils einer Farbe anschließend auf je ein eigenes Blatt Papier, bevor Sie den ersten, unübersichtlichen Zettel entsorgen. Umrahmen Sie die Zettel mit der jeweiligen Farbe.

Was sich nun auf Ihren Zetteln befindet, können natürlich nur Sie selbst wissen – schließlich sind es ja Ihre ganz persönlichen Vorlieben. Dennoch gibt es gleich ein paar Beispiele, wie Sie von der Erkenntnis bis zur Umsetzung gelangen können. Egal, was es ist: Probieren Sie es einfach aus. Gehen Sie der Reihe nach vor und machen Sie erst die Aktivitäten, die auf dem Zettel Ihrer Lieblingsfarbe stehen.

Danach nehmen Sie sich die Beschäftigungen des zweiten, dritten und ggf. des weiteren Zettels vor. Das dauert eine Weile, aber Ihre wahren, erfüllenden Tätigkeiten zu finden, ist die Zeit wert. Testen Sie ganz in Ruhe, wie Ihnen jede einzelne Beschäftigung gefällt. Vielleicht fallen Ihre Interessen alle in einen bestimmten Bereich, wie zum Beispiel Kreativität oder Sport, vielleicht ist es auch eine bunte Zusammenstellung aus diversen Bereichen.

Möglicherweise entdecken Sie nun Malerei, Musik, Schriftstellerei, Fotografie, Gestaltung oder Schauspielkunst für sich. Trauen Sie sich da heran, auch wenn Sie es noch nicht oder schon sehr lange nicht mehr ausprobiert haben. Es kommt jetzt nicht darauf an, wie gut Sie es machen, sondern wie es Ihnen gefällt. Ihr Unbewusstes hat Ihnen den Hinweis auf Ihre Talente gegeben, indem es Ihnen diese Aktivitäten vorgeschlagen hat, dann wird da auch etwas Wahres dran sein.

Geben Sie nicht gleich auf, wenn Sie zu Anfang nicht die Erfolge haben, die Sie gern hätten. Aller Anfang und Wiedereinstieg ist schwer und wie bei den meisten Dingen im Leben gilt: Übung macht den Meister. Im Künstlerbedarf, Musikgeschäft oder im sonstigen Fachhandel finden Sie das Zubehör, das Sie gegebenenfalls benötigen. Auch Beratung, welche Materialien oder Instrumente für Anfänger oder bestimmte Projekte geeignet sind, erhalten Sie dort – lassen Sie sich aber nur informieren und nicht reinreden.

Um die Tätigkeit richtig zu erlernen und nicht „nur“ Spaß daran zu haben, gibt es viele gute Ratgeber und Kurse, auch im Internet. Machen Sie sich aber auf keinen Fall Stress und seien Sie nicht zu kritisch mit sich selbst. Genießen

Sie die Beschäftigung und freuen Sie sich daran, den Weg zu sich selbst zu finden. Darauf kommt es an.

Nicht nur das „Machen" ist aber natürlich wichtig, sondern auch, sich hinterher anzuschauen und/oder anzuhören, was Sie erschaffen haben. Ihre kreativen Werke verkörpern Sie selbst, sie sind ein Aus-druck Ihrer Seele. Beschäftigen Sie sich eingehend damit, um Ihr wahres Selbst zu entdecken. Ein gemaltes oder gezeichnetes Bild, ein Foto, ein Video, ein Gedicht, eine Kurzgeschichte, ein Songtext, eine Tanzchoreografie, ein Gitarrensolo... Was auch immer Sie in Bild, Ton, Schrift oder als Gegen-stand erschaffen haben, sagt etwas über Sie aus.

Bewerten Sie nicht, wie gut Ihr Werk ist (zumindest in der Anfangsphase noch nicht), sondern entdecken Sie darin die Aussagen über Ihre Seele und seien Sie einfach stolz auf sich. All Ihre Schöpfungen sind Sie selbst und allein deshalb bereits gut. Stehen Sie zu sich, nehmen Sie sich an. Rahmen Sie sich ein, hören Sie sich zu, lesen Sie Ihre eigenen Worte – so zeigen Sie sich Wertschätzung und beschäftigen sich näher mit Ihren Talenten.

Vielleicht stehen auf Ihren Zetteln aber auch sportliche Aktivitäten. Dann hat Ihre Seele Ihnen wohl gesagt, dass Ihr Körper sich mehr bewegen möchte. Möglicherweise lieben Sie Sport schon lange, aber haben sich bisher zu wenig Zeit dafür genommen, oder Sie haben bisher nicht den richtigen Sport für sich gefunden. Möglicherweise sind Sie dadurch untrainiert, aber das heißt nicht, dass Sie nicht direkt mit dem Sport anfangen können.

Wenn Sie so „alltägliche" Sportarten wie Radfahren, Schwimmen, Joggen, Wandern, Tanzen oder Gewichtheben auf Ihren Zetteln haben, dann können Sie sofort anfangen – natürlich aber langsam und schonend, damit Sie sich nicht überanstrengen und sich Ihre Muskeln aufbauen können. Andere Sportarten müssen Sie hingegen lernen, bevor Sie sie ausüben können. Dazu gehören beispielsweise Surfen, Segeln, Rudern, Drachenfliegen, Tauchen, Klettern, Bergsteigen, Kanu-fahren, Reiten, Karate oder Boxen. Wenn Sie damit noch keine Erfahrung haben, sollten Sie sich nach einem entsprechenden Kurs erkundigen. Wenn Sie gesundheitliche Beschwerden haben oder sich nicht sicher sind, ob Sie die nötigen körperlichen Voraussetzungen besitzen, sprechen Sie zuvor aber lieber mit Ihrem Arzt. Der Erhalt Ihrer Gesundheit ist natürlich wichtiger als Aktivitäten zur Selbstverwirklichung. Ihrem sportliebenden Selbst können Sie trotzdem treu sein, nur eben in einer Form, die Ihr Körper auch mitmacht.

Überfordern Sie sich in keinem Fall und – ganz wichtig! – lassen Sie sich von niemandem antreiben, auch nicht indirekt, indem Sie auf die geringschätzigen „Anerkennungen" der anderen für Ihre Versuche mit mehr Ehrgeiz reagieren. Lassen Sie sich aber auch nicht entmutigen, wenn Ihnen die neue Aktivität Mühe (und Muskelkater) bereitet oder andere Sie für Ihre noch nicht so gute Fitness belächeln.

Die Hauptsache ist nicht, dass Sie eine bestimmte Leistung bringen, sondern dass es Ihnen gutgeht, dass Sie Spaß haben und neue (innere und äußere) Stärke aufbauen. Halten Sie für sich jedoch trotz-dem fest, was Sie pro Tag oder pro Trainingseinheit geschafft haben und wie Sie sich dabei gefühlt haben, denn so bauen Sie Ihr Selbstbewusstsein auf und können beobachten, wie sich Ihre Fitness verbessert.

Oder haben Sie ein naturbewusstes Selbst? Dann möchten Sie sich vielleicht einfach an der frischen Luft aufhalten, im Wald spazieren gehen, sich im Garten beschäftigen und etwas Sinnvolles für unsere geplagte Natur tun. Solche Talente lassen sich ziemlich einfach umsetzen und auch mit anderen kombinieren.

Zum Beispiel können Sie Ihren Sport in der Natur machen, Pflanzen und Tiere fotografieren, sie zeichnen oder sich Geschichten zu ihnen ausdenken. Wenn Sie einen Garten oder Balkon haben, haben Sie dort Raum für Ihre Selbstverwirklichung direkt vor der Tür. Säen und pflanzen Sie Bäume, Sträucher und Blumen und sorgen Sie dafür, dass es ihnen gutgeht. Denken Sie dabei daran, den Platz nicht nur für sich als schönen Rückzugsort zu gestalten, sondern der Natur dort die Möglichkeit zu geben, sich zu entfalten.

Belassen Sie die Bepflanzung so natürlich wie möglich und siedeln Sie auch viele blühende Blumen an, damit die Tierwelt etwas davon hat. Sie können auch Obst, Gemüse und Kräuter anbauen, um sich selbst im Einklang mit der Natur mit biologischer Nahrung zu versorgen.

Gute Tipps dafür finden Sie in Ratgebern oder im Internet. Wenn Sie weder einen Garten noch einen Balkon haben, suchen Sie sich im Pflanzenhandel ein paar grüne und bunte Freunde, die sich in Ihren vier Wänden wohlfühlen. Auch das kann sehr erfüllend sein.

Egal, ob drin oder draußen, sorgen Sie gut für Ihre Pflanzen und sprechen Sie auch mit ihnen, denn es sind Lebewesen, die beachtet werden möchten. Indem Sie Ihre kleine Oase wertschätzen und pflegen, fühlen Sie sich sinnvoll. Allein schon, die Pflanzen wachsen zu sehen und wie sich die kleinen Tiere daran erfreuen, kann Sie stolz machen, denn Sie haben diesen Ort erschaffen.

Wenn Sie etwas wirklich Großes für die Tier- und Pflanzenwelt oder unser Klima tun wollen, bietet sich eine ehrenamtliche Tätigkeit an, zum Beispiel bei einem Natur- oder Umweltschutzverein oder im Tierheim.

Möglicherweise möchten Sie stattdessen oder zusätzlich aber auch Menschen helfen. Diese Fähigkeiten können Sie ganz einfach in der Nachbarschaft, im Freundeskreis und in der Familie einsetzen oder, indem Sie mit offenen Augen durch die Welt gehen und darauf achten, wo jemand gerade Hilfe braucht. Auch hier bietet sich ein ehrenamtliches Engagement an, wenn Sie die Zeit und die Kraft da-für haben. Vielleicht interessieren Sie sich ja für die Tätigkeit bei der Freiwilligen Feuerwehr, im Rettungsdienst, bei der Tafel oder in der Flüchtlingshilfe. Probieren Sie es doch einfach mal aus und er-kundigen Sie sich bei den entsprechenden Organisationen vor Ort, ob das für Sie umsetzbar ist.

Natürlich können Sie aber auch ganz andere Interessen haben – vielleicht kochen Sie gern, machen Handarbeiten, bauen und reparieren Einrichtungsgegenstände, lernen Fremdsprachen... Was Sie wirklich erfüllt, weiß nur Ihr eigenes Inneres. Lassen Sie sich durch nichts beirren, auch nicht durch die hier genannten Beispiele.

Für alle Aktivitäten (mit Ausnahme der Ehrenämter) gilt: Testen Sie zunächst allein, ob Sie sich dabei wohlfühlen. Sie sollen keinerlei äußeren Einfluss mitentscheiden lassen. Erzählen Sie am besten auch noch niemandem davon, was Sie ausprobieren, solange Sie noch nicht wissen, ob Sie dabei bleiben möchten. (Hinweis am Rande: Wenn Sie Pflanzen oder Tiere bei sich aufnehmen, versorgen Sie diese bitte trotzdem verantwortungsbewusst und liebevoll weiter, auch wenn Sie merken, dass es Sie doch nicht so erfüllt wie erwartet.)

Jedes Urteil, jeder Kommentar, jeder Blick birgt die Gefahr der Beeinflussung. Sie sollen Ihre ganz persönlichen Fähigkeiten und Vorlieben finden. Nehmen Sie sich die Zeit, die Sie brauchen, und üben Sie so viel, wie Sie möchten. Bauen Sie sich keinen Druck auf, stellen Sie keine Ansprüche an sich. Nach einer gewissen Zeit werden Sie wissen, ob die Tätigkeit wirklich zu Ihnen passt. Dabei kommt es mehr auf das Gefühl als auf das Ergebnis an. Sie müssen nicht perfekt sein, nicht einmal besonders gut. Sie müssen einfach nur tun, was Ihnen Spaß macht.

Wenn Sie aber etwas finden, das Ihnen wirklich großen Spaß macht und das Sie wirklich gut können, dann haben Sie auch den Mut, das anderen zu zeigen oder darüber zu sprechen. Zunächst Ihren vertrauten, wirklich guten Freunden und später irgendwann, wenn Sie gefestigt genug sind, vielleicht sogar Fremden.

Wenn Sie zum Beispiel kreative Werke erschaffen, egal, ob aus Kunst, Musik oder einer an-deren Richtung, können Sie diese an geeigneten Orten präsentieren, und bei sportlichen Aktivitäten können Sie in einen entsprechenden Verein eintreten, vielleicht sogar an Wettkämpfen teilnehmen. Möglicherweise sind Sie auch in etwas so gut, dass Sie andere, die diese Tätigkeit ebenfalls mögen, darin unterrichten möchten.

Vielleicht entdecken Sie sogar eine neue berufliche Perspektive in einem Ihrer Talente. Das ist aber alles kein Muss und sollte wohlüberlegt sein. Denken Sie daran, dass es da draußen missgünstige Menschen gibt, die Spaß daran haben, anderen deren Freude kaputtzumachen. Wenn Sie mit Ihren Talenten an die Öffentlichkeit gehen möchten, sollten Sie dafür zuvor ein starkes Selbstbewusstsein aufbauen. Erfreuen Sie sich jetzt erst einmal daran, Ihre verschiedenen Interessen und Fähigkeiten auszuprobieren und sich selbst dabei besser kennenzulernen.

CHARAKTERSTÄRKEN DER POSITIVEN PSYCHOLOGIE

Neben Ihren Fähigkeiten, Talenten und Interessen gibt es einen weiteren großen Bereich, der über Ihr Selbst Aufschluss gibt, und zwar die Charakterstärken.

„Charakter" bedeutet in diesem Zusammenhang nicht im üblichen Sinne „die Summe der persönlichen Merkmale", sondern bezieht sich auf die Intensität, mit der die unten aufgelisteten 24 Stärken bei Ihnen ausgeprägt sind. Das Charakterstärken-Modell stammt aus der Positiven Psychologie und wurde von deren offiziellem Begründer Prof. Martin Seligman und seinem Kollegen Prof. Christopher Peterson ins Leben gerufen.

Ein kurzes Wort zur Positiven Psychologie: Diese ist eine seit Ende des 20. Jahrhunderts bestehende Strömung der Psychologie, die sich – im Gegensatz zu den anderen Strömungen – nicht mit psychischen Problemen befasst, sondern mit der möglichen positiven Entwicklung des Menschen. Es geht also nicht darum, Störungen zu beheben, sondern die Zufriedenheit und damit auch die psychische Stabilität zu erhöhen.

Deshalb wird die Positive Psychologie auch nicht als therapeutisches Verfahren eingesetzt, sondern jeder psychisch gesunde Mensch kann sie bei sich selbst anwenden oder dies im Rahmen eines Coachings erlernen. Die Charakterstärken bilden dabei einen der wichtigsten Teilbereiche.

Seligman und Peterson fanden heraus, dass es in allen Kulturen und zu allen Zeiten der Geschichte sechs sogenannte Tugenden mit insgesamt 24 zugeordneten Charakterstärken gibt, die als wertvoll und erstrebenswert gelten. In Studien zeigte sich, dass Personen, die ihre Charakterstärken in ihrem beruflichen und privaten Alltag einsetzen, zufriedener und ausgeglichener sind. Am wohlsten sollen sich Menschen fühlen, die ihre Stärken in Kombination einsetzen können.

Insbesondere im Beruf spielen darüber hinaus die sogenannten Signaturstärken eine wichtige Rolle. Hierbei handelt es sich um die Stärken, die am ausgeprägtesten vorhanden sind. Alle Charakterstärken sind laut Seligman und Kolle-gen bei jedem Menschen von Geburt an vorhanden, sie werden ihm von der Seele mitgegeben. Jedoch sind manche stark, manche mittel und manche schwach erkennbar, einige möglicherweise gar nicht. Die Ausprägung kann sich jedoch im Laufe des Lebens verändern, insbesondere durch bewusstes eigenes Zutun. Der individuelle Charakter formt sich aus dem Zusammenspiel der unterschiedlich ausgeprägten Charakterstärken.

Setzen Sie sich mit allen Stärkenbeschreibungen intensiv auseinander. Alle Stärken, bei denen Sie „Ja" ankreuzen, notieren Sie auf einem Blatt Papier. Seien Sie bei allen Antworten ehrlich, aber auch groß-zügig – nicht die gesamte Beschreibung muss auf Sie zutreffen, aber zu 50 % sollten Sie sich darin wiedererkennen.

Wenn etwas besonders stark zutrifft, markieren Sie sich diese Stärke farblich. In Fällen, wo Sie nicht „Ja" ankreuzen können, aber dies gern tun würden, vermerken Sie die betreffenden Stärken auf einem weiteren Zettel. Nicht nur das, was Sie bisher ausleben, sind schließlich Sie selbst, sondern auch das, wonach Sie den Wunsch verspüren, gehört dazu. Und los geht's!

Tugend 1: Weisheit bzw. Wissen

Kreativität: Zum einen beinhaltet Kreativität jegliche Form der (hobby-) künstlerischen Betätigung wie Malen, Zeichnen, Nähen, Töpfern, Fotografieren, Gartengestaltung, Wohnraumgestaltung, Gedichte/ Romane/Geschichten schreiben, Musik machen, eigene Rezepte kochen etc., aber auch einfach eine „blühende Fantasie" zu haben oder eigene Lösungen in mehr oder weniger schwierigen Situationen des privaten oder beruflichen Alltags zu finden. „Kreativ" kommt von „kreieren" und das heißt nichts anderes als „etwas erschaffen".

Sind Sie kreativ? Ja | Nein

Neugier: Ist Neugier eine Ihrer Stärken, interessieren Sie sich für alles Mögliche, wie zum Beispiel die Erzählungen aus dem Leben anderer Menschen, fremde Kulturen, neue Urlaubsorte, unbekannte Leute oder neue Produkte. Vielleicht lesen Sie gern, gehen zu Veranstaltungen, probieren verschiedene Sportarten und Hobbys aus. Sie möchten sich ständig informieren und neue Erfahrungen sammeln, egal, in welchen Bereichen.

Finden Sie sich hierin wieder? Ja | Nein

Urteilsvermögen: Urteilsfähig zu sein heißt, das Für und Wider von Entscheidungen abzuwägen und vernünftige Entschlüsse zu fassen. Dies können Sie gleich testen, indem Sie über eine Entscheidung nachdenken, die Sie bereits getroffen haben. Haben Sie da alles (überwiegend) richtig beurteilt? Dar-über hinaus bezieht sich Urteilsvermögen aber auch auf die Fähigkeit, sich selbst eine

Meinung zu bilden und nicht einfach alles zu glauben, was andere sagen. Denken Sie selbstständig über Aussagen, Werturteile, Berichte etc. von anderen Menschen und aus den Medien nach, zeugt dies von guter Urteilsfähigkeit.

Trifft das auf Sie zu? Ja | Nein

(Anmerkung: Selbstständig zu urteilen ist für die Selbstfindung ohnehin wichtig, also sollten Sie in jedem Fall ein wenig an dieser Fähigkeit arbeiten.)

Liebe zum Lernen: Neugier und Liebe zum Lernen sind sich zwar einerseits ähnlich, andererseits aber auch nicht – Liebe zum Lernen ist spezieller als Neugier. Sie bedeutet, dass Sie sich gern in ein Thema vertiefen und dabei den Wunsch haben, sich weiterzubilden. Es muss nicht unbedingt „richtiges" Lernen im schulischen Sinne sein, also zum Beispiel eine Sprache zu lernen oder sich über Biologie oder Physik zu informieren. Auch beispielsweise ein Musikinstrument oder Fußballspielen zu lernen, gehört dazu, oder aber, die Allgemeinbildung zu erweitern. Wichtig ist, dass Sie nicht nur lernen, sondern dies auch wirklich wollen und Spaß daran haben.

Empfinden Sie Liebe zum Lernen? Ja | Nein

Weitsicht: Wer Weitsicht besitzt, ist in der Lage, die Folgen des eigenen Handelns oder auch des Handelns anderer zu bedenken. Können Sie vorausschauend planen und beziehen bei Ihren Entscheidungen mögliche Konsequenzen ein, ohne dabei zu negativ oder zu positiv zu denken, ist Weitsicht eine Ihrer Stärken. Zum Test versetzen Sie sich jetzt einmal mindestens zehn Jahre in die Zukunft. Wie sieht Ihr Leben dann aus? Betrachten Sie aus diesem Blickwinkel auch Ihre heutigen Probleme. Was davon war wirklich wichtig, was hat sich in Wohlgefallen aufgelöst und was konnten Sie zum Guten wenden?

Zählt Weitsicht zu Ihren Stärken? Ja | Nein

Tugend 2: Mut

Tapferkeit: Wer wäre nicht gern ein Held, wie er ihn in Kindertagen im Fernsehen oder in Büchern be-wundert hat. Vielleicht haben Sie schon wirklich schwierige Situationen überstanden und sich davon nicht unterkriegen lassen, oder Sie haben anderen in einer schwierigen Lage geholfen. Das ist aber gar nicht unbedingt nötig, damit Sie Tapferkeit zu Ihren Stärken zählen können. Es geht vielmehr auch um kleine Situationen im Alltag, die ein wenig Überwindung kosten. Tapfer ist zum Beispiel, wenn Sie trotz Angst einen Vortrag halten oder jemanden ansprechen, der Ihnen gut gefällt. Tapfer ist auch, zur Arbeit zu gehen, wenn Sie sich nicht wohlfühlen, trotz Einparkproblemen in die enge Parklücke zu fahren, im Sinne der Umwelt mit kaltem Wasser Ihre Hände zu waschen oder auf Ihre geliebten Süßigkeiten zu verzichten, weil Sie abnehmen möchten.

Sind Sie tapfer? Ja | Nein

Ausdauer: Haben Sie schon mal über längere Zeit ein Ziel verfolgt und beharrlich darauf hingearbeitet? Ausdauer ist ungefähr mit Disziplin gleichzusetzen. Sie möchten etwas erreichen und nehmen dafür in Kauf, einige Zeit und Mühe investieren zu müssen. Besonders ausdauernd sind Sie, wenn Sie auch weitermachen, obwohl nicht alles wie geplant läuft und Sie Rückschläge erleben. Diese Stärke zeigt sich zum Beispiel beim Lernen neuer Fähigkeiten, bei Arbeitsprojekten, beim Sport oder in Krisensituationen.

Sind Sie ein ausdauernder Mensch? Ja | Nein

Ehrlichkeit: Besitzen Sie womöglich die seltene Stärke der Ehrlichkeit? Dann sagen Sie Ihre Meinung, auch wenn diese nicht auf Gegenliebe stößt, und Sie verstellen sich nicht. Außerdem stehen Sie zu Ihren Fehlern, sowohl vor sich selbst als auch vor anderen. Gehen Sie jetzt einmal in sich und spielen das vergangene Jahr vor Ihrem geistigen Auge ab. Waren Sie sich immer selbst treu und haben zugegeben, wenn Sie etwas falsch gemacht haben, etwas nicht konnten oder nicht wollten? Dann sind Sie schon ein Ehrlichkeits-Profi. Damit Sie jetzt Ehrlichkeit als eine Ihrer Stärken eintragen können, genügt es aber, wenn Sie in den überwiegenden Fällen ehrlich waren – schließlich lernen Sie ja noch.

Finden Sie hier einen Teil Ihres Selbst? Ja | Nein

Tatendrang: Auf zu neuen Ufern! So denkt ein Mensch, dessen Stärke Tatendrang ist. Egal, ob Sie etwas tun wollen oder müssen, kaum ein Hindernis kann Sie aufhalten. Sie sprühen vor Energie und setzen diese ein, um etwas auf die Beine zu stellen. Zum Beispiel setzen Sie Ihre eigenen Pläne um, helfen anderen, entwickeln kreative Ideen oder gehen voller Schwung durch Ihren Alltag.

Aufschieben liegt Ihnen nicht, Sie wollen es lieber direkt anpacken, und wenn es gerade nichts zu tun gibt, suchen Sie sich eben etwas.

Erkennen Sie sich darin wieder? Ja | Nein

Tugend 3: Menschlichkeit

Liebe: Liebe empfinden kann doch jeder, warum soll das eine Stärke sein? Das denken Sie jetzt viel-leicht. Es geht aber nicht nur darum, Liebe zu fühlen, sondern sie auch zu zeigen. Wie oft sagen Sie Ihrer Familie und Ihren Freunden, dass Sie sie lieben? Wie oft lächeln Sie sie warmherzig an und schließen sie in Ihre Arme? Das sollte nicht nur zu Feiertagen geschehen, sondern am besten täglich oder wenigstens mehrfach in der Woche. Sie müssen keinen Partner und keine Kinder haben, um Liebe geben zu können. Auch Ihren Eltern, Geschwistern, weiteren Verwandten und guten Freunden können Sie Liebe zeigen. Es ist dann zwar kein „Ich liebe dich", aber ein herzliches „Ich hab dich lieb", und statt eines Kusses eine freundschaftliche Umarmung. Auch sich selbst können und sollten Sie lieben – erinnern Sie sich an das Kapitel zur Selbstliebe. Und noch mehr zählt dazu: die Fähigkeit, Liebe anzunehmen, ist ebenfalls ein Teil dieser Stärke. Übrigens bezieht sich diese Stärke nicht nur auf Menschen – Sie können auch Ihr Haustier oder Ihre Pflanzen lieben.

Trifft diese Beschreibung auf Sie zu? Ja | Nein

Freundlichkeit: Ein nettes „Hallo" zum Nachbarn, ein „Wie geht's dir?" zum Kollegen, ein Lächeln für einen Fremden, ein offenes Ohr für einen Freund – all das ist Freundlichkeit. Weiterhin gehören kleine Gesten der Höflichkeit dazu, wie zum Beispiel, jemandem die Tür aufzuhalten oder geduldig zu warten, bis die alte Dame vor Ihnen an der Kasse ihr Kleingeld aus dem Portmonee herausgesammelt hat. Können Sie dies sogar, wenn Sie im Stress sind, besitzen Sie eine große Portion Freundlichkeit.

Sehen Sie hier eine Ihrer Stärken? Ja | Nein

Soziale Kompetenz: Hier geht es nun um die wahre Hilfsbereitschaft, die mehr ist als „nur" Freundlichkeit. Sozial kompetent zu sein bedeutet, sich für das Wohl anderer zu interessieren und einzusetzen sowie bei den eigenen Entscheidungen zu bedenken, ob sie jemandem schaden. Diese Stärke fängt im Kleinen an, bei Ihnen zuhause, wo Ihr Kind Hilfe bei den Hausaufgaben braucht oder Ihr/e Partner/in einen Rat für ein Problem benötigt. Sie geht draußen weiter, wo vielleicht einem gebrechlichen Menschen die Einkäufe herunterfallen, ein Freund Hilfe beim Umzug braucht oder ein Obdachloser um ein wenig Geld für etwas zu essen bettelt. Und schließlich erstreckt sich die soziale Kompetenz um den ganzen Erdball, wenn Sie zum Beispiel Kinderhilfsprojekte in Entwicklungsländern unterstützen.

Erkennen Sie hier einen Teil Ihres Inneren? Ja | Nein

Tugend 4: Gerechtigkeit

Teamfähigkeit: Wenn Sie in einem Team arbeiten und damit gut zurechtkommen, sich dabei auch wohl-fühlen und sich gut in die Gruppe einbringen, besitzen Sie die Stärke der Teamfähigkeit. Doch nicht nur dann – auch privat können Sie teamfähig sein. Leben Sie mit Ihrem/ Ihrer Partner/in und viel-leicht auch Kindern zusammen oder wohnen Sie in einer WG und teilen sich gerecht mit den anderen die Aufgaben im Haushalt? Helfen Sie mitunter bei der Planung von privaten Veranstaltungen? Oder sind Sie Mitglied eines Vereins? All das sind Beispiele für Teamfähigkeit.

Besitzen Sie diese Stärke? Ja | Nein

Fairness: Im Grunde heißt Fairness nichts anderes als Gerechtigkeit und diese bedeutet, alle Menschen gleich zu behandeln, jedem seine Freiheiten zu lassen, nicht mehr für sich selbst zu erwarten als man anderen gönnt und niemanden zu benachteiligen. Akzeptieren Sie die Meinungen anderer? Haben Sie Respekt für alle, egal, welcher Hautfarbe, Religion, welchem Geschlecht, welcher Herkunft, welcher sexuellen Orientierung etc.? Setzen Sie sich in Ihrem Umfeld oder auch darüber hinaus gegen Diskriminierung, Ausbeutung und Mobbing ein? Dann sind Sie ein fairer Mensch. Darüber hinaus gehört zur Fairness, angemessen mit den Ressourcen und dem Klima umzugehen – schließlich leben wir alle gemeinsam auf einem Planeten und auch die zukünftigen Generationen möchten hier noch leben können.

Ist Fairness eine Ihrer Stärken? Ja | Nein

Führungsvermögen: Wenn Sie sich nicht nur in ein Team einfügen, sondern es leiten können, besitzen Sie Führungsvermögen. Auch diese Stärke zeigt sich nicht nur im beruflichen Bereich. Sind Sie bei gemeinsamen Aktivitäten mit Freunden oder der Familie die treibende Kraft, die alles organisiert und die Aufgaben gerecht verteilt? Haben Sie bei einem gemeinsamen Vortrag schon mal den Ablauf gemanagt oder sind Sie in einem Verein für einen Bereich verantwortlich? Übernehmen Sie mit klarem Kopf das Kommando, wenn alle anderen nicht mehr weiterwissen?

Trifft das auf Sie zu? Ja | Nein

Tugend 5: Mäßigung

Vergebungsbereitschaft: Wie reagieren Sie, wenn jemand sich Ihnen gegenüber verletzend verhält, zum Beispiel, wenn ein/e Freund/in sein/ihr Wort nicht hält oder Ihr/e Partner/in Ihnen im Streit eine Beleidigung an den Kopf wirft? Sind Sie dann nicht nachtragend, sondern nehmen seine/ihre Entschuldigung an, spricht das für Vergebungsbereitschaft. Wichtig ist dabei aber, dass Sie nicht nur sagen, dass Sie verzeihen, sondern dies auch ehrlich und von Herzen tun.

Erkennen Sie sich darin wieder? Ja | Nein

Bescheidenheit: Können Sie sich an kleinen Dingen erfreuen und auch mal auf etwas verzichten? Wenn ja, ist Bescheidenheit eine Ihrer Stärken. Diese bezieht sich zum einen auf materielle Dinge, wie zum Beispiel Geld, Kleidung, Einrichtungsgegenstände, das Haus bzw. die Wohnung, das Auto etc., und zum anderen auf immaterielle Bedürfnisse, wie beispielsweise Anerkennung, Liebe, Erfolg oder Bildung. Bescheiden zu sein bedeutet aber nicht, dass Sie sich nicht darüber freuen können, wenn Sie et-was haben, sondern dass es für Sie nicht schlimm ist, wenn Sie es nicht haben. Außerdem heißt Bescheidenheit, nicht übermäßig nach Dingen zu streben. Sie sind zum Beispiel auch froh, wenn Sie ein paar Tage auf „Balkonien“ verbringen und müssen nicht zwei Wochen All-inklusive im sonnigen Süden genießen. Oder Sie freuen sich still an Ihrer eigenen Leistung, ohne dafür Lob zu erwarten. Be-scheiden zu sein bedeutet auch, sich nicht in den Vordergrund zu drängen, also zum Beispiel jemand anderem das letzte Stück Kuchen zu überlassen oder jemanden, der weniger als Sie über ein Thema Bescheid weiß, darüber einen Vortrag halten zu lassen.

Sind Sie ein bescheidener Mensch? Ja | Nein

Besonnenheit: Neigen Sie zu spontanen Aktionen und Einkäufen, die Sie hinterher bereuen? Dann ist Besonnenheit bisher keine Stärke von Ihnen. Falls Sie jedoch nachdenken, bevor Sie eine Entscheidung treffen, und sich dafür Zeit nehmen, dürfen Sie sich zu den besonnenen Menschen zählen. Gleiches gilt, wenn Sie in einer Diskussion oder einem Streit in der Lage sind, sachlich und vernünftig zu bleiben, anstatt sich in Wut hineinzusteigern, stur auf Ihre (vielleicht falsche) Sicht zu beharren und die Meinung des anderen als persönlichen Angriff zu werten.

Verhalten Sie sich meistens besonnen? Ja | Nein

Selbstregulation: Mit dieser Stärke ist nicht gemeint, das wahre Selbst einzuschränken (wie der Begriff es vielleicht erscheinen lässt), sondern die eigenen Gefühle im Griff zu haben. Ein gewisses Temperament mag zwar zu Ihrem wahren Selbst gehören, hier geht es jedoch um unangemessene Gefühlsaus-brüche. Sehen Sie zum Beispiel rot, wenn Ihnen jemand den begehrten Parkplatz vor der Nase weg-schnappt oder sich an der Kasse vordrängelt? Nehmen Sie es persönlich, wenn Ihr/e Partner/in schlecht gelaunt von der Arbeit kommt? Dann besitzen Sie diese Stärke nicht. Bleiben Sie hingegen ruhig, auch wenn beispielsweise etwas nicht gut läuft oder jemand Sie kritisiert, können sich von Heißhungerattacken, Kaufrauschen, Alkoholkonsum etc. zurückhalten oder sich von negativen Gedanken ablenken, haben Sie die Fähigkeit der Selbstregulation.

Finden Sie sich hierin wieder? Ja | Nein

Tugend 6: Transzendenz

Sinn für das Schöne: Sind Sie fasziniert von Dingen, die ästhetisch aussehen? Zum Beispiel eine schöne Landschaft, ein Sonnenuntergang, ein gut gemaltes Bild, ein melodisches Lied, ein gefühlvolles Ge-dicht, ein wohlschmeckendes Essen... Wer einen Sinn für das Schöne hat, erlebt mit all seinen Sinnes-organen positive Erfahrungen und sucht danach. Ertappen Sie sich manchmal dabei, wie Sie etwas oder jemanden andächtig betrachten, lauschen Sie den Klängen der

Natur, genießen Sie Ihren Kaffee, den Duft einer Blume oder eine zärtliche Berührung?

Trifft das auf Sie zu? Ja | Nein

Dankbarkeit: Wir sind umgeben von Dingen, für die wir dankbar sein können, doch vergessen das allzu oft. Kleinigkeiten, die für uns selbstverständlich sind, wie fließendes Wasser oder eine heile Hose, bleiben für andere Menschen ein Traum. Das Leben an sich ist bereits etwas, wofür man dankbar sein kann, denn jede Minute stirbt irgendwo auf der Welt ein Mensch. Sind Sie sich dessen bewusst und empfinden ein Gefühl von Freude, wenn Sie sich in Ihrer Wohnung umschauen oder einfach atmen?

Erkennen Sie sich hier wieder? Ja | Nein

Hoffnung: Zu hoffen heißt, das Positive für möglich zu halten. Ein Mensch, dessen Stärke Hoffnung ist, sieht niemals schwarz. Auch wenn gerade (fast) alles schiefläuft, blickt er zuversichtlich nach vorne. Das heißt nicht, dass Sie mit einer rosaroten Brille in die Zukunft schauen, sondern einfach, dass Sie nicht aufgeben, Ihren Lebensmut behalten und sich die guten Möglichkeiten ausmalen, die sich Ihnen bieten können.

Sehen Sie hier eine Ihrer Stärken? Ja | Nein

Humor: Lachen Sie gern oder bringen andere zum Lachen? Das ist eine Eigenschaft, die Ihnen viel positive Energie gibt und schwierige Situationen erleichtert. Humorvolle Menschen nehmen das Leben lockerer als andere. Natürlich können auch sie Tiefpunkte haben und nicht jede Lebenssituation bietet eine Gelegenheit zum Lachen, aber mit Humor steht man leichter wieder auf. Oder man bringt andere zum Aufstehen, indem man sie aufheitert.

Haben Sie ein humorvolles Selbst? Ja | Nein

Religiosität bzw. Spiritualität: Wenn Sie einer Glaubensrichtung angehören und diese auch aktiv praktizieren (zum Beispiel durch Beten oder Engagement in der Kirche), zählt Religiosität ganz klar zu Ihren Stärken. Aber auch, indem Sie einfach an verschiedenen Religionen und Kulturen interessiert sind, zeigt sich diese Stärke. Darüber hinaus wird auch das Interesse für Mythen, Magie,

Esoterik, Philosophie, die Lebensweise von Naturvölkern sowie die Tier- und Pflanzenwelt unter der Stärke der Spiritualität zusammengefasst.

Besitzen Sie Spiritualität? Ja | Nein

Nun haben Sie wahrscheinlich zwei Listen von einem einigermaßen großen Umfang. Schauen Sie sich alles nochmal an, sowohl Ihre bereits mittel bis gut ausgeprägten Stärken als auch die, die Sie gern ausbauen würden. Für Ihre Selbstverwirklichung und Zufriedenheit kommt es jetzt erst einmal darauf an, dass Sie die Stärken, bei denen Sie „Ja" angekreuzt haben, möglichst oft und am besten kombiniert in Ihrem Leben einsetzen.

Denken Sie darüber nach, wo diese bereits in Ihrem Privatleben und/oder Beruf zur Geltung kommen. Wenn möglich, konzentrieren Sie sich mehr auf diese Bereiche. Überlegen Sie auch, inwiefern Sie die Gelegenheiten, Ihre Stärken einzusetzen, erweitern können. Suchen Sie zum Beispiel nach Jobs, in denen diese Eigenschaften gefragt sind, oder beginnen Sie andere Freizeit-aktivitäten. Viele Stärken kann man wie beschrieben auch „nebenbei" im Alltag einsetzen, halten Sie einfach Augen und Ohren offen.

In einem zweiten Schritt geht es dann an die Stärken von Ihrem „Wunschzettel". Diese müssen Sie erst lernen, also gehen Sie langsam vor. Schauen Sie, ob einige dieser Stärken zusammenpassen, dann können Sie sie vielleicht bei derselben Tätigkeit üben. Ansonsten arbeiten Sie sich Stärke für Stärke weiter vor und geben sich Zeit. Sie müssen nicht in jeder Stärke ein „Profi" werden – oft reicht es schon, sie ein bisschen häufiger einzusetzen.

Viel wichtiger ist aber noch, dass Sie nichts tun, das einer Ihrer Stärken widerspricht. Wenn Sie zum Beispiel Fairness als Stärke haben, aber Kleidung vom Discounter kaufen, handeln Sie sich selbst zu-wider, denn diese wird von Billiglohnarbeitern (oft sogar Kindern) in armen Ländern hergestellt. Ein anderes Beispiel wäre, dass Sie kreativ sind, aber in einem Job arbeiten, wo Sie immer wieder ein- und dieselben Abläufe ausführen müssen. Indem Sie bei Ihren Tätigkeiten und in Ihrem alltäglichen Leben Ihre Stärken missachten, sperren Sie Ihr Selbst ein und machen es unglücklich.

Diese innere Unzufriedenheit bekommen Sie dann zu spüren, sei es durch schlechte Laune, Müdigkeit, Schmerzen oder gar psychische Probleme. Die eigenen Stärken zu kennen und sie auszuleben ist daher in der Positiven Psychologie ein Grundelement eines energiereichen, glücklichen und psychisch wie körperlich gesunden Menschen.

Einige Charakterstärken fördern zudem aber grundsätzlich die Zufriedenheit, sodass Sie sich (wenn Sie dies möchten) überlegen sollten, diese generell in Ihr persönliches Stärken-Repertoire aufzunehmen. Hierzu zählen alle Stärken, die unter der Tugend „Mut“ eingeordnet sind, denn mutige und gleichzeitig vernünftige Handlungen steigern den Glauben an die eigene Stärke. Weiterhin gehören Liebe, Freundlichkeit, soziale Kompetenz und Fairness dazu, denn Gutes zu tun und mit anderen gut umzugehen erhöht die Selbstachtung.

Bescheidenheit ist ebenfalls wichtig für die innere Zufriedenheit, denn sie ist die Voraussetzung dafür, mit dem glücklich zu sein, was man hat, und sich an kleinen Dingen freuen zu können. Besonnenheit schützt vor Handlungen, die unglücklich machen, und Selbstregulation bewahrt Sie davor, sich in negative Gefühle hineinzusteigern.

Zu guter Letzt gehören Dankbarkeit, Hoffnung und Humor zu den Stärken, die sich förderlich auf Ihr Glücksgefühl auswirken, denn diese lassen Sie die Welt einfach positiver sehen. Aus der Zufriedenheit entstehen Kraft und Zuversicht, um Ihren Weg immer weiterzugehen. Ich erwähnte es schon in Schritt 1 – nicht nur entsteht aus Selbstfindung Zufriedenheit, sondern Zufriedenheit gibt Ihnen eine entspannte Basis, um Ihr Selbst zu finden.

DAS HABE ICH IN DIESEM KAPITEL ÜBER MICH GELERNT

Schritt 7: An die innere Stärke glauben

Möglicherweise haben Sie jetzt bereits herausgefunden, wer Sie wirklich sind und was Sie sich für Ihr Leben wünschen. Ganz sicher haben Sie aber schon viele wichtige Erkenntnisse über sich gewonnen. Vielleicht sind Sie jetzt aber an einem Punkt, an dem Sie zwar wissen, was Sie wollen, aber keine Ahnung haben, wie Sie dahin kommen sollen. Sicher haben Sie auch einiges in Ihrem jetzigen Leben erkannt, das mit Ihrem wahren Selbst nicht vereinbar ist.

Vieles lässt sich aber bestimmt nicht von heute auf morgen ändern, vielleicht nicht einmal in einigen Monaten oder in einem Jahr. Daher fühlen Sie sich möglicherweise immer noch (oder wieder) unwohl oder sogar verzweifelt – Sie haben erkannt, dass Sie nicht die Art von Leben führen, die Sie glücklich macht, aber sehen sich (noch) nicht in der Lage, das Blatt zu wenden.

Zur Verzweiflung besteht aber überhaupt kein Grund! Sie halten selbst die Zügel in der Hand, Sie ganz allein, und können selbst Ihr Leben dorthin lenken, wohin Sie wollen. Auch wenn es einige Zeit und Energie kostet, nehmen Sie den Aufwand bitte in Kauf. Tun Sie es für Ihre Seele. Sie ist immer für Sie da. Seien Sie auch für sie da.

„Wenn das doch nur so einfach wäre...", denken Sie jetzt wahrscheinlich. Aber das ist es – wenn Sie an sich selbst glauben. Ihr Glaube an Ihre innere Stärke ist der Motor auf Ihrer Reise. Nur mit diesem Mo-tor können Sie bei sich selbst ankommen. Also denken Sie daran: Aufgeben gilt nicht! Es geht immer weiter, wenn Sie nur wollen. An sich selbst zu glauben, ist besonders am Anfang aber ziemlich ungewohnt und muss erst gelernt werden. Einige Werkzeuge für Ihren Motor möchte ich Ihnen daher in diesem Kapitel mit auf den Weg geben.

„JEDEN TAG EINE AUFGABE"

Zwei Dinge sind enorm wichtig auf Ihrem Weg zu innerer Stärke: Sie müssen Selbstdisziplin entwickeln und Ihre Erfolge für sich messbar machen. Beides erreichen Sie mithilfe dieser Übung. Der Titel sagt es schon – Sie sollen sich jeden Tag eine Aufgabe vornehmen, die Sie dann auch wirklich erledigen. In dieser Variante sollen es einzelne, unabhängige Dinge sein, die Sie jeweils in einer bis drei Stunden (je nachdem, wie viel Zeit Sie haben) abschließen können.

Überlegen Sie sich morgens oder schon am Abend vorher, welche Aufgabe Sie sich für den betreffen-den Tag stellen möchten. Bei der Wahl der Aufgaben sind Sie flexibel, es sollte aber etwas aus dem privaten Bereich sein. Ob Sie es gern tun oder nicht, spielt keine Rolle.

Sie können zum Beispiel die Abstellkammer aufräumen, einen kaputten Stuhl reparieren, Blumen aussäen, die Fugen im Bad putzen, eine Wand streichen, ein neues Kochrezept ausprobieren, mit Ihrem Kind für die Schule lernen, für Ihre alte Nachbarin einkaufen gehen, Ihrer Tante eine Karte schreiben, Kleidung spenden, eine bestimmte Strecke joggen, Altpapier wegbringen oder irgendetwas, das Ihnen gerade in den Sinn kommt, erledigen. Ob es für Sie selbst oder jemand anderen ist, spielt keine Rolle.

Sie benötigen zudem ein Notizbuch im A5-Format, das Ihnen als Kalender dient. Tragen Sie oben auf je einer Seite pro Tag das Datum und die Aufgabe ein. Darunter sollte genug Platz bleiben, um ein Foto aufzukleben. Nicht jede erfüllte Aufgabe können Sie fotografieren, aber wenn es möglich ist, sollten Sie es tun. Ein Schnappschuss mit dem Handy genügt und Sie können das Foto zuhause auf Fotopapier ausdrucken. Kleben Sie es dann auf die betreffende Seite.

Eine Veranschaulichung per Bild ist immer besonders schön und einprägsam. In Fällen, in denen Sie Ihre Leistung nicht fotografieren können, schreiben Sie einen Kurztext über Ihre erfüllte Aufgabe. Daraus sollte hervorgehen, was möglich-erweise schwierig war und was Sie gut gemacht haben. In jedem Fall zeichnen Sie bei erfüllter Aufgabe neben die Aufgabenstellung einen lächelnden Smiley.

Das Ziel ist, dass Sie Ihre Tagesaufgabe immer erfüllen. Es kann aber natürlich sein, dass ein besonderer Grund Sie daran hindert (zum Beispiel Krankheit, ein familiärer Notfall, Überstunden, eine Autopanne...). In diesem Fall können Sie natürlich nichts Positives vermerken, aber es ist auch kein Grund, um sich niedergeschlagen zu fühlen.

Streichen Sie das ursprüngliche Datum durch und schreiben Sie sich den nächstmöglichen Tag daneben (idealerweise den Folgetag). Wenn Sie eine Aufgabe mal ohne besonderen Grund nicht erfüllen sollten (zum Beispiel, weil Sie keine Lust haben oder „durchhängen"), kreisen Sie sich das ursprüngliche Datum rot ein und notieren den Folgetag daneben. Dahinter schreiben Sie zusätzlich ein rotes Ausrufezeichen. Bei erfüllter Aufgabe lassen Sie dann alles so, aber fügen Ihre positiven Notizen bzw. das Foto sowie auch den lächelnden Smiley hinzu.

Bald haben Sie ein wachsendes Buch mit Ihren kleinen Erfolgen. Blättern Sie es von Zeit zu Zeit durch. Auch wenn Ihnen vieles banal vorkommt, sehen Sie dennoch: Sie sind in der Lage, etwas zu leisten und sich an Ihre eigenen Ziele zu halten. Seien Sie stolz auf sich! Was daraus entsteht, nennt sich Selbstwirksamkeitserwartung. Dieser Begriff stammt aus der Resilienzforschung, welche sich damit beschäftigt, warum manche Menschen widerstandsfähig (d. h. resilient) gegen Krisen sind.

Der entscheidende Faktor dabei ist die Erwartung, das eigene Leben beeinflussen zu können, sodass keine Schwierigkeit sich negativ auswirken muss. Indem Sie Ihre Selbstwirksamkeitserwartung ausbilden, verstehen Sie nach und nach, dass Sie Ihr Leben selbst in der Hand haben, da Sie sehen, dass Ihr Tun eine Wirkung hat. Daraus entsteht Optimismus für die Zukunft, denn Sie beginnen, daran zu glauben, dass Sie auch in Bezug auf wirklich wichtige Dinge selbstwirksam sind.

„SCHRITT FÜR SCHRITT"

Diese Übung erfolgt vom Aufbau her wie die vorige, jedoch wird sie nicht mit unabhängigen Aufgaben ausgeführt. Stattdessen überlegen Sie sich ein größeres Ziel oder Projekt, an dem Sie mehrere Wochen oder Monate arbeiten möchten. Es kann auch die Lösung eines Problems bzw. einer kleinen Krise sein.

Notieren Sie sich dieses Ziel zunächst auf einem Schmierzettel und machen Sie dann ein Brainstorming, was Sie dafür alles tun müssen. Anschließend nummerieren Sie die einzelnen Teilaufgaben, so-dass eine sinnvolle Reihenfolge entsteht. Je nachdem, wie es die Art des Projekts und Ihre Zeit zulassen, setzen Sie sich eine Teilaufgabe als Tages- oder Wochenziel. Bei einem Wochenziel sollten Sie vermerken, an welchem Tag der Woche Sie es erreichen wollen, denn sonst schieben Sie es womöglich bis zum letzten Tag auf und verursachen sich dadurch Stress.

In Ihrem Notizbuch entspricht dann eine Seite entweder einem Tag oder einer Woche. Tragen Sie wiederum das Datum und die Aufgabe ein, diesmal aber vorab schon für den gesamten Zeitraum des Projekts. Der Rest erfolgt dann wie in der vorigen Übung.

Anders als dort sehen Sie hier nicht nur, dass Sie sich selbst gesetzte Ziele erfolgreich umsetzen können, sondern Sie zeigen sich zudem, dass Sie in der Lage sind, über längere Zeit einen Plan zu verfolgen und erfolgreich daran zu arbeiten, auch wenn es vielleicht nicht immer einfach ist. Außerdem übt Sie dieses Verfahren für Ihr Leben als Sie selbst, denn Ihre Reise zu Ihrem wahren Ich ist ein großes Projekt mit vielen kleinen Schritten.

Da diese Übung etwas schwieriger ist als die vorige, sollten Sie jene zuerst für einige Zeit ausführen, bis Sie mehr Selbstbewusstsein getankt haben, und dann mit dieser weitermachen. Es schadet auch nicht, wenn Sie die erste Übung weiter ausführen, während Sie mit dieser beginnen. Achten Sie aber darauf, sich insgesamt nicht zu überfordern, denn das hätte den gegenteiligen Effekt des erwünschten.

„KOPF HOCH!“

Dass Ihre Körpersprache nach außen zeigt, wie Sie sich innen drin fühlen, ist Ihnen wahrscheinlich bekannt. Traurig, fröhlich, wütend, ängstlich, beschämt, verzweifelt, niedergeschlagen, zuversichtlich, stark, schwach, selbstbewusst, verunsichert – all das und viel mehr kann Ihr Gegenüber aus Ihrem Ge-sicht und Ihrer Körperhaltung ablesen. Die Signale werden unbewusst wahrgenommen und gedeutet, sodass (fast) jeder zumindest im Groben über Sie Bescheid weiß, wenn er Sie sieht. Aber nicht nur dann, sondern auch, wenn er Sie hört – denn auch die Art des Sprechens gibt Aufschluss über Ihre Gefühlslage. So kann jeder feststellen, ob Sie an sich glauben oder ob Sie unsicher sind.

Menschen, die Unsicherheit ausstrahlen, sind ein „gefundenes Fressen" für all diejenigen, die andere beeinflussen und schwächen möchten. Doch noch etwas tut Ihre Körpersprache: Sie beeinflusst Sie selbst. Ihre Mimik, Gestik, Haltung und Sprechweise sind nicht nur ein Spiegel Ihrer Gefühlswelt, sondern wirken auf ebendiese zurück.

Das heißt: Wenn Sie eine verunsicherte Körpersprache haben, werden Sie noch unsicherer. Wenn Sie aber eine selbstbewusste Körpersprache zeigen, gewinnen Sie mehr innere Stärke. Ihr Gehirn nimmt die Zeichen wahr, die Sie sich selbst geben, und zieht daraus Rückschlüsse, die Ihr weiteres Denken, Fühlen und Verhalten verändern – zum Positiven oder zum Negativen.

Wie kommen Sie nun aber aus dem Negativkreislauf eines mangelnden Selbstbewusstseins und einer unsicheren Körpersprache heraus? Die Antwort ist so einfach wie schwierig – legen Sie sich eine selbstbewusste Körpersprache zu. Einfach ist es eigentlich, weil Sie „nur" anders gucken, anders sprechen und/oder sich anders bewegen müssen.

Schwierig ist es gerade deshalb auch, denn erstens ist Ihre bisherige Körpersprache eine stark eingeprägte Gewohnheit und zweitens kommen die Signale des Körpers aus dem Unbewussten. Es ist aber möglich, wenn Sie bereit sind, ein wenig zu trainieren, und achtsam sind. Stellen Sie sich zunächst vor einen Spiegel und betrachten Sie Ihren Gesichtsausdruck sowie Ihre Körperhaltung. **Sind Sie unsicher, zeigen Sie**:

- gesenkte Augenlider;
- herabhängende Mundwinkel;
- einen gesenkten Kopf;
- hochgezogene oder hängende Schultern;
- einen leicht gebeugten Oberkörper;

- eventuell verschränkte Arme oder in den Taschen vergrabene Hände;
- fehlende oder zu starke Körperspannung;
- im Sitzen möglicherweise übereinandergeschlagene Beine oder gekreuzte Füße;
- im Stehen eine schlaffe Haltung, Halt suchend an einer Wand oder einem Türrahmen.

Nehmen Sie dann ein paar gesprochene Sätze von sich auf. Sprechen Sie ganz normal, ohne auf etwas zu achten. Das Thema ist egal. Hinterher hören Sie sich die Aufnahme an. Verunsicherung bzw. mangelndes Selbstbewusstsein erkennen Sie an leisem Sprechen, vielen unnötigen Pausen, unnatürlich ho-her Stimme, vielem „ähm", „öh" etc. sowie sehr schneller oder sehr langsamer Sprechgeschwindigkeit.

Nun geht es ans Training. Sie haben erkannt, welche Körpersignale von Ihnen unsicher wirken. Jetzt ändern Sie diese. Gemeint ist natürlich nicht, dass Sie sich verstellen sollen. Vielmehr sollen Sie zeigen, dass Sie zu sich stehen. Charakteristische Züge Ihres Selbst sollen Sie natürlich nicht verändern.

Unsicherheit gehört jedoch nicht zu Ihren persönlichen Merkmalen. Sie haben sie nur entwickelt, in-dem Sie Ihr Selbst lange verborgen und vergessen haben. Wenn Sie ganz zu sich selbst gefunden haben, wird sich dies auch automatisch an Ihrer Körpersprache zeigen, ohne dass Sie es üben müssen. Vielleicht haben Sie jetzt schon eine selbstbewusstere Ausstrahlung als zu Beginn dieses Buches. Ihr Selbst ist stark, und wenn Sie mit ihm im Einklang leben, sind Sie ebenfalls stark. Und das können Sie guten Gewissens auch zeigen.

Nicht umsonst steckt in den Wörtern „Selbstbewusstsein" und „Selbstsicherheit" das Wort „Selbst". Noch sind Sie aber nicht am Ziel Ihrer Reise angekommen, also sind Sie wahrscheinlich noch nicht so selbstsicher. Indem Sie durch Ihre Körpersprache sich und anderen vermitteln, dass Sie es sehr wohl schon sind, können Sie den Glauben an Ihre innere Stärke fördern und Ihre Entwicklung beschleunigen.

Ein starkes Selbstbewusstsein zeigt sich durch:

- einen offenen Blick geradeaus;
- eine gerade Kopfhaltung;

- entspannte Gesichtszüge mit leicht nach oben zeigenden Mundwinkeln;
- gerade Schultern;
- einen aufrechten Oberkörper;
- einen festen Stand mit beiden Füßen ohne Anlehnen oder die sogenannte Standbein-Spielbein-Stellung (das Gewicht liegt auf einem Bein, während das andere locker steht und somit leicht angewinkelt ist);
- eine lockere, aber energetische Haltung;
- locker herabhängende Arme (im Stehen) oder locker im Schoß liegende, nicht verschränkte Hände (im Sitzen);
- ggf. im Stehen für ein größeres Sicherheitsgefühl: Hände mit Ausnahme der Daumen (!) in den Taschen;
- feste, deutliche Sprache in angemessener Lautstärke und Geschwindigkeit.

Üben Sie täglich eine halbe Stunde. Zu Anfang stellen Sie sich eine Viertelstunde vor den Spiegel und machen dann während einer weiteren Viertelstunde eine Sprachaufnahme. Wenn Sie bemerken, dass Ihnen die selbstsichere Körpersprache leichter fällt, stellen Sie sich ohne Spiegel hin und nehmen sich per Video auf.

Währenddessen erzählen Sie etwas (egal was, zum Beispiel, was Sie erlebt haben oder über ein Thema, das Sie interessiert). Sie sollten auch einige Schritte gehen oder sich in sonstiger Weise bewegen. Achten Sie hierbei auf lockere, natürliche, aber energiereiche Bewegungen.

Im Anschluss an jede Übungssequenz schauen Sie sich das jeweilige Video an. Achten Sie auf das, was Sie noch verbessern sollten, aber auch auf Ihre Fortschritte. Nach und nach wird die selbstbewusste Körpersprache für Sie ganz natürlich.

Seien Sie achtsam im Alltag, ob Sie das Erlernte anwenden oder in alte Muster verfallen. Je mehr Sie die selbstbewusste Körpersprache einsetzen, desto mehr wird sie zur Gewohnheit und geschieht ganz von selbst. Ein positiver Nebeneffekt dieser Übung ist, dass Sie sich eine etwaige Scheu vor Vorträgen nehmen, da Sie sich selbst immer wieder Vorträge auf Video halten.

„ICH KÖNNTE NICHT, ICH MACHE ES!"

Ein schwaches Selbstbewusstsein hat ein paar gute Freunde – sie heißen „müsste", „könnte", „würde" und „sollte". Auch „vielleicht" gehört mit zu dieser Clique. Um Ihren Glauben an Ihre innere Stärke zu finden und zu stärken, kündigen Sie dieser Bande ab jetzt die Freundschaft. Stattdessen freunden Sie sich mit „ja" und „nein" an. Diese beiden helfen Ihnen, auf starken, eigenen Beinen zu stehen. Ganz gleich, ob Sie etwas jetzt tun wollen und können oder ob es sich um einen Plan für die Zukunft handelt, eine selbstbewusste Entscheidung ist entweder klar dafür oder klar dagegen.

Beobachten Sie Ihre Gedanken und zücken Sie wieder Ihren Stift nebst Notizpapier. Schreiben Sie je-den Gedanken auf, in welchem einer der „falschen Freunde" vorkommt, egal, wie banal oder wichtig er ist. Da stehen dann zum Beispiel „Ich müsste staubsaugen" und „Ich könnte mich mit XY treffen", aber auch „Ich sollte mir einen anderen Job suchen" und „Ich würde gern mehr Zeit für mich haben".

Am Ende jedes Tages oder jeder Woche, immer, wenn Sie eine gewisse Sammlung haben, schauen Sie sich alles an. Denken Sie über jede Situation genau nach. Warum stellen Sie sie infrage? Warum treffen Sie keine klare Entscheidung? Warum tun Sie es nicht einfach? Was hindert Sie daran?

Es kann sein, dass es Ihnen realistisch unmöglich ist, das zu tun, was Sie möchten oder was wichtig ist. Oftmals be-steht die Unmöglichkeit aber nur im Moment. Zum Beispiel können Sie gerade nicht staubsaugen, weil Ihr Staubsauger kaputt ist oder Sie stecken mitten in einem großen Projekt für die Arbeit und können sich daher nicht mehr Zeit für sich nehmen. Es wird aber in der Zukunft einen Zeitpunkt geben, an dem es möglich ist. Streichen Sie die Dinge durch, die nicht nur jetzt, sondern auch in Zukunft unmöglich sind.

Was zwar nicht jetzt, aber zu einem späteren Zeitpunkt möglich ist, schreiben Sie auf einen anderen Zettel – aber ohne „müsste", „könnte" oder Ähnliches. Schreiben Sie einfach einen Stichpunkt wie zum Beispiel „mehr eigene Freizeit" oder „einen besseren Job suchen". Der Zettel bekommt die Über-schrift „Pläne" und zu jedem Stichpunkt schreiben Sie einen ungefähren Zeitpunkt, den Sie für realistisch halten.

Es kann natürlich auch sein, dass Sie etwas überhaupt nicht tun wollen, aber darüber nachdenken, weil Sie denken, dass Sie es tun müssen. In diesem Fall müssen Sie unterscheiden, ob Sie es tatsächlich tun müssen, also dazu rechtlich, vertraglich oder aus Verantwortung für ein Lebewesen oder Ihre eigene Gesundheit verpflichtet sind.

Bejahen Sie dies, schreiben Sie den Punkt wiederum als Stichwort ohne einen der „falschen Freunde" auf einen weiteren Extrazettel. Diesen versehen Sie mit der Überschrift „Pflichten". Neben die Punkte schreiben Sie jeweils, wann Sie die Sache erledigen müssen bzw. bei wiederkehrenden Pflichten ein Ausrufezeichen. Was Sie nicht tun wollen und auch nicht tun müssen, streichen Sie durch.

Nun haben Sie wahrscheinlich immer noch einige Notizen auf Ihrem ursprünglichen Zettel übrig. Die-se Dinge sind weder grundsätzlich unmöglich noch müssen Sie sie tun, noch sind sie im Moment unmöglich. Schauen Sie sich diese Punkte nun nochmal an. Wollen Sie diese Sachen machen? Wenn nicht, streichen Sie die betreffenden Punkte durch. Wenn ja: Was hält Sie dann auf? Übertragen Sie diese Punkte auf einen weiteren Zettel. Über diesen schreiben Sie groß „MACHEN!" und setzen dann am besten gleich den ersten Punkt in die Tat um.

Den ursprünglichen Zettel zerreißen Sie anschließend. Ihre drei Listen pinnen Sie sich am besten an Ihre Pinnwand, legen sie auf die Flurkommode oder an einen sonstigen gut sichtbaren Ort nebeneinander, um sich an das, was Sie wollen und was Sie müssen, sowie gegebenenfalls an die Termine zu erinnern. Für Ihre Pläne überlegen Sie sich, wie Sie diese umsetzen können, und legen sich – falls not-wendig – Etappenziele fest, die Sie aufschreiben und abhaken.

Beobachten Sie sich weiter und üben Sie mit dieser schriftlichen Methode, bis Sie merken, dass Sie selbstbewusster und entscheidungsfreudiger werden. Nach und nach reicht es, wenn Sie sich Ihre Listen in Gedanken machen. Achten Sie insbesondere auch darauf, wenn die „falschen Freunde" Sie wieder besuchen – das Ziel ist, dass Sie sie ganz aus Ihrem Wortschatz streichen.

Immer, wenn Sie sich selbst hören, wie Sie zum Beispiel „Ich müsste..." sagen oder denken, stoppen Sie sich und formulieren stattdessen eine konkrete

Entscheidung. Falls Sie nicht direkt eine Entscheidung treffen können, erlauben Sie sich etwas Bedenkzeit und fassen Ihren Entschluss dann, wenn Sie sich mit einem klaren „Ja“ oder einem klaren „Nein“ entscheiden können.

DAS HABE ICH IN DIESEM KAPITEL ÜBER MICH GELERNT

Abschließende Worte

„Gehe nicht, wohin der Weg führen mag, sondern dorthin, wo kein Weg ist, und hinterlasse eine Spur."

(Jean Paul)

Sie selbst zu sein, heißt, etwas ganz Besonderes zu sein. Ein Wesen mit einzigartigen Eigenschaften und eigenen Wünschen, Träumen und Zielen. Jemand, den es kein zweites Mal gibt. Sie sind kein Ab-klatsch von anderen Personen oder deren Meinungen. Sie lassen sich nicht verbiegen. Sie gehen Ihren eigenen Weg und entscheiden ganz allein über Ihr Leben. Denn nur Sie wissen, was für Sie richtig ist.

Sie selbst zu sein, erfordert Mut, da Sie auf viel Gegenwind stoßen werden, doch es gibt gleichzeitig auch Mut, denn Sie wissen, dass Sie sich immer auf jemanden verlassen können – Ihre eigene Seele. Achten Sie darauf, immer mit sich selbst im Einklang zu sein, damit Körper, Geist und Seele gemein-sam ein erfülltes Leben führen können.

Vergleichen Sie sich niemals mit anderen. Sie selbst sind Ihr einziger Maßstab. Wenn andere etwas anders machen oder anders sind als Sie, dann ist es so – aber Sie machen eben alles, wie Sie möchten, und sind so, wie Sie sind. Wer Sie deshalb als seltsam ansieht oder womöglich meidet oder verspottet, den ignorieren Sie einfach. Belasten Sie sich nicht mit Steinen in Ihrem Rucksack, die Sie herunterziehen. Machen Sie sich nicht krumm, um anderen zu gefallen. Leben Sie einfach Ihr eigenes Leben. Wer Sie liebt und gut für Sie ist, der wird sich von ganz allein auf Ihrem Weg zu Ihnen gesellen, schwere Steine aus Ihrem Rucksack herausnehmen und dafür leichte, funkelnde Edelsteine hineinlegen.

Wenn Sie ganz Sie selbst sind, ziehen Sie die Menschen an, die wirklich gut für Sie sind, und um alle anderen müssen Sie sich keine Gedanken machen. Doch nicht wegen der Menschen sollten Sie immer Sie selbst sein, sondern für Ihr eigenes Inneres, für Ihre Seele, für Ihr persönliches Glück. Nur als Sie selbst können Sie Ihr eigenes Glück finden.

Wir sind am Ziel der Reise angekommen. Doch bevor Sie nun das Buch zuklappen, muss ich Ihnen noch eine Warnung mitgeben: Ihre Entwicklung ist niemals abgeschlossen. Alles Lernen, Denken und Verhalten ist ein stetiger Prozess, der sich nach vorne oder zurück entwickeln kann. So, wie Sie zuvor Ihr Selbst verloren und es jetzt wiedergefunden haben, ist es nicht ausgeschlossen, dass Sie es wieder verlieren – wenn Sie nicht gut darauf aufpassen.

Es werden sich Ihnen immer wieder Herausforderungen stellen, auch wenn Sie ganz Sie selbst sind. Menschen versuchen, auf Sie einzuwirken, Sie erleben möglicherweise Krisen oder Rückschläge. Schnell kann es da passieren, dass Überreste alter, blockierender Glaubenssätze wieder aktiv werden und Sie von Ihrem Weg abkommen. Achten Sie darauf, sich wirklich immer treu zu bleiben. Wiederholen Sie regelmäßig die Übungen dieses Buches und machen Sie einige aus den Schritten 1, 2, 3, 5 und 7 zu Ihren ständigen Begleitern im Alltag. So schützen Sie sich davor, sich unbemerkt wieder zu verlieren.

Passen Sie gut auf sich auf und beugen Sie sich nicht den für Ihr Selbst so schädlichen Einflüssen, auch wenn es Kraft kostet. Sie haben diese Kraft. Glauben Sie daran, glauben Sie an sich selbst. Immer und überall.

Quellenverzeichnis

Blanke, Elisabeth S./ Brose, Annette: Zufriedener durch Achtsamkeit?; https://de.in-mind.org/article/zufriedener-durch-achtsamkeit.

Giuliani, Fiorina: Positive Psychologie / Charakter; http://www.positive-psychologie.ch/?page_id=27.

Goßmann, Katharina: Alles über Pranayama: Atme das Glück; https://www.yogaeasy.de/artikel/pranayama-die-yogischen-atemuebungen.

Gruhl, Monika: Wie kann man Resilienz lernen? Teil 1; https://www.monikagruhl.de/wie-kann-man-resilienz-lernen/.

Gutknecht, Lisa: Meditieren lernen: Was Meditation bringt und wie du anfängst; https://fitforfun.de/gesundheit/meditation-ruhe-da-oben_aid_13541.html.

John Harris Fitness: Sport gegen Stress & psychische Probleme; https://www.johnharris.at/2017/12/27/sport-gegen-stress-psychische-probleme/.

Koch, Joachim: Yoga: Die positive Kraft des Yoga; https://www.aerzteblatt.de/archiv/152826/Yoga-Die-positive-Kraft-des-Yoga.

Kühn, Dr. Esther: Das Gehirn kann nicht abschalten! Was tun?; https://de.in-mind.org/article/das-gehirn-kann-nicht-abschalten-was-tun.

Landsiedel Seminare: Die Positive Psychologie; https://www.landsiedel-seminare.de/positive-psychologie/positive-psychologie.html.

Landsiedel Seminare: NLP-Techniken und Methoden kennenlernen und anwenden; https://www.landsiedel-seminare.de/nlp-seiten/nlp-techniken.html.

Landsiedel Seminare: Was ist NLP?; https://www.landsiedel-seminare.de/nlp/was-ist-nlp.html.

Longman, Molly/ Bartsch, Maike: Wieso wir negative Gedanken & Gefühle intensiver erleben als positive; https://www.refinery29.com/de-de/negative-gedanken-negativitiaet-bias-effekt-hintergrund-tipps.

Neurologen und Psychiater im Netz: Entspannungsverfahren: Progressive Muskelentspannung; https://www.neurologen-und-psychiater-im-netz.org/psychiatrie-psychosomatik-psychotherapie/therapie/entspannungs-verfahren/progressive-muskelentspannung/.

Rehberg, Carina: Die 4-7-8 Atemtechnik hilft bei Angstzuständen; https://www.zentrum-der-gesundheit.de/news/gesundheit/allgemein-gesundheit/4-7-8-atemtechnik-lindert-angst-190204016.

Rose, Nico: Das Konzept der Charakterstärken in der Positiven Psychologie; https://nicorose.de/2019/07/29/das-konzept-der-charakterstaerken-in-der-positiven-psychologie/.

Schönberger, Birgit: Heilsame Meditation; https://www.psychologie-heute.de/gesundheit/40420-heilsame-meditation.html.

Senftleben, Ralf: Affirmationen – ein praktischer Weg zu Wachstum, Veränderung und Heilung; https://zeitzuleben.de/affirmationen-ein-praktischer-weg-zu-wachstum-veranderung-und-heilung/.

Vogel, Lea: So wirst du stärker als deine negativen Gedanken; https://editionf.com/was-tun-gegen-angst-und-negative-gedanken/#.

Wir danken Dir für Dein Interesse und Dein Vertrauen. Als Dankeschön dafür, haben wir eine besondere Überraschung. Du möchtest selbstbewusster sein und wahre Selbstliebe leben? Dann haben wir das Richtige für dich. Entdecke deinen persönlichen Selbstliebe und Selbstbewusstseins Coach. Das Beste: Sie erhalten diese vollkommen kostenlos. Das klingt wunderbar? Dann warten Sie nicht lange und holen Sie sich Ihr Gratis-Geschenk.

Hier geht es zu Ihrem Gratis-Geschenk:

https://forms.gle/sGXGTwmR8dUW5UyJA

1. **Öffnen Sie die Kamera-App auf Ihrem Smartphone und richten Sie die Kamera auf den QR-Code.**
2. **Klicken Sie auf den Link, der Ihnen angezeigt wird und schon werden Sie zur Website weitergeleitet.**

Impressum

Herausgeber: Orbita Media Verlag GmbH & Co. KG / Ericusspitze 4 / 20457 Hamburg
Kontakt: kontakt@empireofbooks.de
Website: https://empireofbooks.de
Coverbild: Shutterstock

Haftungsausschluss:
Die Nutzung dieses Buches und die Umsetzung der enthaltenen Informationen, Anleitungen und Strategien erfolgt auf eigenes Risiko. Der Autor kann für etwaige Schäden jeglicher Art aus keinem Rechtsgrund eine Haftung übernehmen. Haftungsansprüche gegen den Autor für Schäden materieller oder ideeller Art, die durch die Nutzung oder Nichtnutzung der Informationen bzw. durch die Nutzung fehlerhafter und/oder unvollständiger Informationen verursacht wurden, sind grundsätzlich ausgeschlossen. Rechts- und Schadenersatzansprüche sind daher ausgeschlossen. Dieses Werk wurde sorgfältig erarbeitet und niedergeschrieben. Der Autor übernimmt jedoch keinerlei Gewähr für die Aktualität, Vollständigkeit und Qualität der Informationen. Druckfehler und Falschinformationen können nicht vollständig ausgeschlossen werden. Es kann keine juristische Verantwortung sowie Haftung in irgendeiner Form für fehlerhafte Angaben vom Autor übernommen werden. Die bereitgestellten Analysen, Vorschläge, Ideen, Meinungen, Kommentare und Texte sind ausschließlich zur Information bestimmt und können ein individuelles Beratungsgespräch nicht ersetzen. Alle Informationen dieses Buches entsprechen dem Kenntnisstand zum Zeitpunkt des Verfassens dieses Buches. Eine Haftung für mittelbare und unmittelbare Folgen aus den Informationen dieses Buches ist somit ausgeschlossen.
Informieren Sie sich weitläufig aus unterschiedlichen Quellen und bedenken Sie, dass am Ende nur Sie für die Entscheidungen verantwortlich sind.

Urheberrecht:

Haftung für externe Links:
Unser Angebot enthält Links zu externen Websites Dritter, auf deren Inhalte wir keinen Einfluss haben. Deshalb können wir für diese fremden Inhalte auch keine Gewähr übernehmen. Für die Inhalte der verlinkten Seiten ist stets der jeweilige Anbieter oder Betreiber der Seiten verantwortlich. Die verlinkten Seiten wurden zum Zeitpunkt der Verlinkung auf mögliche Rechtsverstöße überprüft. Rechtswidrige Inhalte waren zum Zeit-punkt der Verlinkung nicht erkennbar.